Descobre Teu próprio Mestre!

TEOODISSEIA

Editora Appris Ltda.
1.ª Edição - Copyright© 2020 do autor
Direitos de Edição Reservados à Editora Appris Ltda.

Nenhuma parte desta obra poderá ser utilizada indevidamente, sem estar de acordo com a Lei nº 9.610/98. Se incorreções forem encontradas, serão de exclusiva responsabilidade de seus organizadores. Foi realizado o Depósito Legal na Fundação Biblioteca Nacional, de acordo com as Leis n°s 10.994, de 14/12/2004, e 12.192, de 14/01/2010.

Catalogação na Fonte
Elaborado por: Josefina A. S. Guedes
Bibliotecária CRB 9/870

A298d
2020
	Aires, Joarez Virgolino
	    Descobre Teu próprio Mestre! : teoodisseia / Joarez Virgolino Aires. - 1. ed. – Curitiba : Appris, 2020.
	    269 p. ; 23 cm. – (Literatura).
	
	    Inclui bibliografias
	    ISBN 978-65-5523-769-6
	
	    1. Ficção brasileira. I. Título. II. Série.
	
	    CDD – 869.3

Livro de acordo com a normalização técnica da ABNT

Appris editora

Editora e Livraria Appris Ltda.
Av. Manoel Ribas, 2265 – Mercês
Curitiba/PR – CEP: 80810-002
Tel. (41) 3156 - 4731
www.editoraappris.com.br

Printed in Brazil
Impresso no Brasil

Joarez Virgolino Aires

Descobre Teu próprio Mestre!
TEOODISSEIA

FICHA TÉCNICA

EDITORIAL	Augusto V. de A. Coelho
	Marli Caetano
	Sara C. de Andrade Coelho
COMITÊ EDITORIAL	Andréa Barbosa Gouveia (UFPR)
	Jacques de Lima Ferreira (UP)
	Marilda Aparecida Behrens (PUCPR)
	Ana El Achkar (UNIVERSO/RJ)
	Conrado Moreira Mendes (PUC-MG)
	Eliete Correia dos Santos (UEPB)
	Fabiano Santos (UERJ/IESP)
	Francinete Fernandes de Sousa (UEPB)
	Francisco Carlos Duarte (PUCPR)
	Francisco de Assis (Fiam-Faam, SP, Brasil)
	Juliana Reichert Assunção Tonelli (UEL)
	Maria Aparecida Barbosa (USP)
	Maria Helena Zamora (PUC-Rio)
	Maria Margarida de Andrade (Umack)
	Roque Ismael da Costa Güllich (UFFS)
	Toni Reis (UFPR)
	Valdomiro de Oliveira (UFPR)
	Valério Brusamolin (IFPR)
ASSESSORIA EDITORIAL	Lucas Casarini
REVISÃO	Cindy G. S. Luiz
PRODUÇÃO EDITORIAL	Juliane Scoton
DIAGRAMAÇÃO	Daniela Baumguertner
CAPA	Eneo Lage
ILUSTRAÇÃO DA CAPA	Desenho concebido pelo autor e executado pela neta Giulia Assumpção Morés Aires
COMUNICAÇÃO	Carlos Eduardo Pereira
	Débora Nazário
	Kananda Ferreira
	Karla Pipolo Olegário
LIVRARIAS E EVENTOS	Estevão Misael
GERÊNCIA DE FINANÇAS	Selma Maria Fernandes do Valle
COORDENADORA COMERCIAL	Silvana Vicente

QUID RETRIBUAM DOMINO PRO OMNIBUS QUAE
RETRIBUIT MIHI?!
Que retribuirei ao Senhor por tudo o que me concedeu?!

(Salmo 115,3)

Dedico este livro à minha generosa esposa, Ausilia Morés Aires, que, com desvelo, propiciou-me todas as condições para o ócio fecundo em que pude gestar, elaborar e produzir esse programa de vida, espécie de GPS, roteiro pedagógico, reconhecimento do melhor caminho que nos conduz ao despertar do ser divino que está adormecido em nosso peito.

AVISO AOS LEITORES:
Todas as palavras e conceitos raros encontram-se explicados no LÉXICO do final do livro.

DEDICATÓRIA - Aos viandantes, peregrinos desse "vale de lágrimas"

Entrevero

Quem sou, fui ou serei?!
Um louco, tresloucado Abraão?
que relega familiares,
exuberantes terras,
promissores rios e,
como um desvairado,
se lança num ermo,
vazio e escaldante deserto em busca de terras já possuídas para,
ali,
atirar-se como um cão sardento,
na vã disputa de um resto de osso sob possantes e vorazes mandíbulas?
Ou seria um gaúcho e um lampião,
que se atracam e se contorcem entre frustradas e esquivas chibatas e peixeiras ?!
Ou seria,
até mesmo,
um apaixonado e atormentado Léon Blois ziguezagueando,
fascinado,
entre os mistérios litúrgicos das clausuras beneditinas
ou dos taciturnos tugúrios das trapas,
de carnes e alma laceradas, entre o céu e o inferno,
instigado pelo mesmo itinerário do afro-romano, Aurelius Augustinus de Tagaste?!
Ou,
finalmente,

estaríamos em presença do dilacerante e doloroso perfil do atormentado Jean Valjean,
caçado e infernizado pelo Sr Javer, implacável aguilhão da justiça caolha
e, imortalizado por Vitor Hugo?...
— Ó, vós todos,
— humanos mortais,
que reproduzis na carne e no espírito
os mesmos tormentos da ladainha acima esboçada,
acaso também tivestes peito,
pés e mãos queimados pelos mesmos tormentos
e que, sem mais, findaste no mesmo "eureka":
Aquele que dolorosamente buscavas pelos recantos do Universo,
entre a Catedral e o bordel, ou nas entranhas das matas,
Ou por entre as dobras das rochas,
Era Ele que te buscava
antes que O buscasses!

Apresentação – Cada "viandante" é "Arquiteto do seu próprio Mestre"

O famoso monge trapista Thomas Merton marcou profundamente o século vinte com seu livro *Homem algum é uma ilha*. Nesse seu criterioso tratado teológico, esse pensador católico, franco-americano, argumenta e pondera que o divino mestre nazareno, Ieshoua, com sua alegoria da videira e seus Ramos, nos ensina que toda a humanidade constitui como que um só tecido vivo de almas entrelaçadas.

Com essa mesma ótica, a fervorosa e culta francesa Elizabeth Leseur constatava: "... uma alma que se eleva, eleva consigo o mundo".

Partindo desse perfil espiritual do ser humano, diria que carregamos em nossas entranhas, como nosso DNA de filiação divina, essa capacidade de transcender e ultrapassar o tempo e o espaço. Irmos além dos nossos sentidos!

Chamaria esse dispositivo de comunicação de metassemântica ou também de metalinguística.

Um excelente exemplo disso encontramos no filme a *Vida é bela* (1999), de Robert Benigni. Durante a Segunda Guerra Mundial na Itália, o judeu Guido (Roberto Benigni) e seu filho Giosué são levados para um campo de concentração nazista.

Afastado da mulher, ele tem que usar sua imaginação para fazer o menino acreditar que estão participando de uma grande brincadeira, com o intuito de protegê-lo do terror e da violência que os cercam. Muito bom em charadas, como garçom, ganhara a amizade de um médico italiano que apreciava os desafios das charadas que o jovem conhecia bem. Feito prisioneiro pelos alemães e levado com a esposa e o filho para os campos de concentração, o inventivo garçom acaba esbarrando no amigo médico, amante de charadas. O médico, sendo de ascendência alemã, ganhou função de destaque nas prisões alemãs.

Assim, o garçom acabou recebendo do chefe alemão, seu amigo, a incumbência de atuar como garçom num evento festivo dos alemães. O garçom, porém, estava sem comunicação com sua esposa, que não sabia em que alojamento estaria. O inventivo garçom arranjou um jeito de colocar na vitrola do evento uma música muito conhecida e estimada pelo casal.

Ao ouvir a música, a esposa atenta logo identificou que era seu amado esposo que a colocara. Nesse exato momento, sem que nenhum dos dois tivesse outras informações, estabeleceu-se uma comunicação não verbal e transcendente entre os dois. Pelo menos, ela logo tem certeza de que seu esposo encontra-se naquele local do evento.

E, da mesma forma, também podemos dizer que nós, humanos, podemos cultivar essa cumplicidade de amor com o Pai e reconhecermos os sinais de sua amorosa presença no cerne de nossa vida. Esse espaço e lugar de fala é exatamente o que frei Carlos Mesters identifica e chama de Bíblia Primeira. O teólogo biblista reconhece e aponta esse privilegiado lugar de fala de Deus, porque a complacência e a misericórdia de Deus não excluem a ninguém da convocação ao banquete, como vemos, claramente, nessa bela parábola de Cristo em Mateus 22, 1-14.

Outro interessante exemplo dessa funcionalidade transcendente ou metassemântica.

As sardinhas, pequeníssimas criaturas, têm como predadores naturais os colossais tubarões. Cada sardinha, isoladamente, jamais poderia proteger-se de seu predador. O que fazem? Como uma descarga elétrica coletiva, deflagrada pelo medo comum, instantaneamente, agrupam-se num bloco monolítico, tão bem articulado e integrado que passam a se mover como uma só criatura, que, então, apresenta o visual e a forma de uma imensa criatura, com dimensões proporcionais à colossal baleia e, assim, movendo-se, iludem seu predador, que, não possuindo uma visão acurada, mas apenas um afinadíssimo olfato, acaba concluindo que sua presa é talvez um concorrente equipado para uma luta igual e acaba desistindo, depois de algum sucesso.

Buscando enquadrar essa cosmovisão à antropologia bíblica que me fascina, notei que o melhor expediente pedagógico para isso seria o brinquedo Lego. Cada peça tem individualidade exclusiva, mas só ganha maior relevo e significado quando se encaixa no seu exato lugar e posição.

Após mais de três décadas de estudo e pesquisa bíblica, notei e conclui que o divino arquiteto como que monitorou a cultura hebraica, propondo-nos como fonte de ensino e aprendizagem as experiências humanas dos diversos protagonistas desse povo.

E, a bem da verdade, devo dizer que assumo esse entendimento inspirado nos estudos e pesquisas do psiquiatra e psicoterapeuta Carl Gustav Iung.

Por se tratar de um exercício espiritual de discipulado do rabino hebreu Ieshuá, privilegiamos os textos bíblicos que nos situam numa melhor compreensão dessa cultura.

Como o objetivo não é um curso de cultura hebraica, mas uma experiência de natureza mística, cuidamos de realizar um contato mais pessoal com alguns dos protagonistas de nossa tradição espiritual, como: os patriarcas Noé, Abraão, Jacó, Moisés e o profeta Elias.

Assim, vejamos: em Noé, a pedagogia da fraternidade cósmica; em Abraão, a fé deificando o humano; em Jacó, o astuto que sabe encontrar a escada da regeneração; Moisés, o líder forjado nos conflitos; Elias aprende que a força de Deus revela-se na brisa suave.

Nesse bloco de cinco peças, teríamos a cabeça do "Legoninjago". Já os braços da criatura são constituídos de três protagonistas femininos: Rute, precursora do ecumenismo; Judite, prefigurando Miriam, a mãe de Jesus. Já a rainha Ester prefigurando a cidadania plena do cristão, pelo batismo investido do tríplice múnus, função: régia, sacerdotal e profética.

Como pernas do Lego, temos três protagonistas masculinos: Jó, exprimindo a defesa de Deus justo e verdadeiro; Jonas, descobrindo que Deus é clemente e misericordioso; Tobias, o restaurador da face divina na família humana.

O tronco desse Lego colossal apresenta-se sob a alegoria dos sete sinais descritos e qualificados no evangelho do apóstolo João. Finalmente, como motor central dessa criatura alegorizada, o seu magnífico coração é dotado de cinco virtudes capitais: simplicidade, Nicodemus; generosidade, a samaritana; já a bondade incondicional manifesta-se na bela parábola do bom samaritano. E culminando a perfeição do todo, a indispensável gratidão que diviniza o ser humano vem representada no histórico relato do samaritano que soube retornar de seu itinerário para agradecer o beneplácito divino.

Sumário

LIVRO PRIMEIRO

SINCRÉTICO – "IN NOMINE PATRIS"
(POR ORDEM DO PAI – ELOHINS/ EL SHADAY)):
CENÁRIO DA CAMINHADA

Prólogo..21

1
ITINERÁRIO DO MESTRE: A Bíblia primeira......................33

2
Bíblia, A pedagogia do Mestre em nossa vida...................55

3
Os Sete Sinais de Cristo no Evangelho............................77

4
Apologia à eucaristia cósmica,
Theilhard de Chardin..111

5
Seguir o Mestre é um deslumbramento
de prodÍgios! –Jesus anda sobre as águas
(Quinto Sinal)..117

LIVRO SEGUNDO

ANALÍTICO – "...*ET FILII*..." – PELA MEDIAÇÃO DO "FILHO DO HOMEM..." (ITINERÁRIO DO FILHO DO HOMEM, O SERVO DE ELOHINS/ELSHADAY): CABEÇA, TRONCO, MEMBROS DO LEGONINJAGO

1
Montando o Legoninjago. Cabeça: Os cinco
patriarcas, pedagogos das lições do Mestre 135

2
Experiências cristãs à sombra
das contradições 169

3
Os seis papéis, programas de discipulado do
Mestre em nossa vida, braços
do Legoninjago..175

4
"Pernas" do Legoninjago: Três papéis ou
programas de vida do discipulado masculino
do Mestre: Jó, Jonas e Tobias...185

LIVRO TERCEIRO
SINTÉTICO – *"ET SPIRITUS SANCTI* (E PELA FORÇA DO PARÁCLITO)!" O DIVINO PARÁCLITO NO ITINERÁRIO DO MESTRE NA HUMANA SEMELHANÇA. O AMOR, CORAÇÃO DO MUNDO: CORAÇÃO DO LEGONINJAGO

1
Os 4 Predicados do bom discípulo do Mestre:
1. Nicodemus; 2. A samaritana; 3. A parábola do
bom samaritano; 4. O grato samaritano 207

2
Síntese do Caminho e dos 4 Predicados
do bom discípulo do Mestre 217

3
O Caminho de Jesus: O Amor que sintetiza
os 613 preceitos da religião judaica 221

4
Idiossincrasias 225

Epílogo 235

Léxico de termos Raros 247

Referências 265

Dados Biográficos 267

Livro Primeiro

SINCRÉTICO

IN NOMINE PATRIS (POR ORDEM DO PAI – ELOHINS/ EL SHADAY)

Cenário da caminhada

Na casa do meu Pai há muitas moradas. (Jo 14, 20)
Desenho: neto primogênito, Pedro Miguel, 9 anos.

PRÓLOGO

Há um Deus adormecido no peito humano

No século 12, o esfuziante filósofo e teólogo francês, Petrus Abælardus, talvez o mais brilhante e influente de todo o período medieval no universo cristão, numa de suas inúmeras obras, parafraseia o filósofo grego, Sócrates, "Scito te ipsum", "Conhece-te a ti mesmo". Com o revolucionário método da exposição de temas por antagonismos, em sua cátedra de Notre Dame, Paris, chegou a contar 5 mil alunos. Muitos deles bispos e cardeais.

No século 13, o monge alemão, Thomas de Kempis, em sua clássica obra, *A imitação de Cristo*, também parafraseando o filósofo grego Sócrates, do quarto século da era cristã, advertia os cristãos piedosos: "o humilde conhecimento de si mesmo é o princípio da sabedoria cristã!".

Foi na esteira dessa bela tradição humana que o autor do presente livro concebeu e desenvolveu a capa em que inseriu, em carácteres gregos, dois termos do contexto cultural do referido filósofo grego: *Teogonia*, nascimento de Deus e "gnoti se auton", isto é, conhece-te a ti mesmo!

Importa também esclarecer que o neologismo "Teoodisseia", homófono de "Teodiceia" aponta para o eixo temático do presente livro. O primeiro vocábulo nos informa o nome do herói clássico, Ulisses ou Odisseus, daí Odisseia, poema épico do século nono, antes de Cristo, descrito pelo poeta grego, Homero, narrando as aventuras e peripécias de Ulisses, no seu retorno ao seu reino de Ítaca, após a guerra de Tróia.

Já o segundo termo, indica uma disciplina teológica que trata da argumentação racional de defesa da existência de Deus.

Nesse mesmo universo simbólico deve ser incluída a interpretação que Hegel fez da história humana, como uma grande aventura do espírito humano. E Espírito com maiúsculo, indicando a terceira pessoa da Santíssima trindade. De tal sorte, que Hegel, olhando para a história da França, enxergava nas aventuras e peripécias de Napoleão, o Espírito a cavalo. Para esse filósofo nossas ideias é que movem o mundo.

Mas, a bem da verdade, neste livro, operamos uma crítica a essa ideologia de Hegel, assumindo mais a otica de Marx, que, entendemos, foi homologada por Cristo em Mateus capítulo sete, versículo vinte e um, quando nos adverte que nem todo aquele que me diz, Senhor, Senhor, entrará no reino do céu e sim aquele que faz a vontade do Pai celestial. Para Cristo, não interessa o que penso ou falo e sim o que faço!

Como se depreende, neste manual, estou apontando e descrevendo um programa, um caminho para acordarmos o divino adormecido no peito humano! Isso significa que todo ser humano carrega em suas entranhas um Deus que dormita.

Assim, por analogia a Ulisses, ou mesmo Napoleão, viandantes "desse vale de lágrimas", lutamos com todas as nossas forças para acordarmos o divino, que carregamos em nossas entranhas!

Mestre "Augustinus" de Tagaste em busca de seu próprio Mestre

Alegoria da esfinge: "Decifra-me, ou te devoro!".
Desenho: neto primogênito, Pedro Miguel, 9 anos.

Em síntese, vejo-me assediado pela mesma apóstrofe de Agostinho de Tagaste: *"Inquietum est cor meum Domine, donec requiescat in Te!"* – Meu coração está inquieto, Senhor, até que repouse em Ti! (354 d. C.).

Desde que me vi confrontado com a inarredável demanda do autoconhecimento, essa desafiadora indagação foi-se elevando sempre mais sobre minha cabeça, como aquele enigma da esfinge: – decifra-me ou te devoro!

Centenas de vezes, vi-me indagando o que quis dizer Jesus de Nazaré, ao declarar: "Se tiverdes fé como um grão de mostarda, direis a esta amoreira: Arranca-te e transplanta-te no mar; e ela vos obedecerá" (Lc 17,6). Bem como essa outra: "Pois em verdade vos digo que, se tiverdes fé como um grão de mostarda, direis a este monte: Passa daqui para acolá, e ele passará. Nada vos será impossível" (Mt 17,20).

Inicialmente, entendia que, movidos pela fé, dirigiríamo-nos ao Pai celestial que, com seu poder divino, agiria. A intervenção divina seria, assim, representada por um triângulo: o suplicante, Deus e a ação milagrosa.

Mas, atentando melhor para as palavras de Cristo, notava que O Mestre não dizia "eu ou o Pai celestial atenderemos, faremos isto!". Ele dizia simplesmente: "direis a este monte e ele passará. Conclui, então, que, a levar a sério, ao pé da letra, as palavras de Cristo, o gráfico da ação divina não era triangular, mas uma linha reta, com duas extremidades: a energia divina emana de um sujeito para um objeto. 'Lança-te ao mar!' E ele se precipitará." (Mt 17,20).

Ocorreu-me também que no ato criador, descrito no Gênesis, o ser humano foi feito à imagem e à semelhança de Deus e que, portanto, nessa condição, poderíamos dizer que, dentro de todo ser humano, há uma divindade adormecida. E o que falta para essa divindade acordar e deflagrar toda sua energia divina?

Continuando nas minhas elucubrações, lembrei e observei que, toda vez que Cristo refere-se à fé, confiança em Deus, logo aparece a palavra-chave "não tenhais medo, não temei; não temei".

Alguns pesquisadores chegam a relacionar, em toda a *Bíblia*, 366 passagens com o comando: não tenhais medo, não temei. Para cada dia do ano, o mesmo comando: não tenha medo; confia em Deus, confia em ti mesmo!

Deixando de lado essa estatística que muitos poderiam questionar, recorro ao testemunho das minhas experiências pessoais. Logo, vem-me à lembrança uma experiência de que participei, ali pelos meus 12 anos de vida. Nas festas populares de São João, havia o momento de percorrermos algumas braçadas numa trilha de carvões em brasa. Era um teste de fé. Quem tivesse coragem e autoconfiança suficientes, atravessaria todo o braseiro descalço, de ponta a ponta sem queimar a sola dos pés. Pois confesso e declaro que fiz isso e mais de uma vez. Teria coragem e autoconfiança suficientes hoje em dia? Não sei!

Em 1974, o acrobata francês Philippe Petit abriu o jornal na sala do dentista, aos 17 anos, e viu que os dois maiores prédios do mundo, com 417 metros de altura e 110 andares cada um, seriam construídos em Nova York, ele pensou o óbvio: vou atravessá-los sobre uma corda de aço suspensa.

Às 6 horas do dia 7 de agosto de 1974, em uma operação com todos os truques de clandestinidade, Petit caminhou mais de 40 metros sobre um cabo, repetindo o trajeto por oito vezes, durante 45 minutos. Quem passava pelas ruas em torno do *World Trade Center* naquela manhã nebulosa assistiu a uma silhueta caminhando entre as nuvens no topo dos arranha-céus. Além de andar em linha reta, Petit deitou sobre o cabo e saudou a plateia, criando uma imagem que sintetiza o extremo da coragem humana, "o crime artístico do século", como escreveu a revista *Time* após a *performance*.

Essa história fascinante rendeu o ótimo documentário *O Equilibrista*. Já o assisti e gostei. Recomendo.

Em Atlanta, Angela Cavallo, de 65 kg, 51 anos de idade, de 1,76 metros de altura, alheia ao mundo do treinamento, no entanto, também deu mostras de uma força extraordinária na Sexta-Feira Santa de 1982, quando seu filho ficou preso sob o Chevrolet Impala que estava consertando. O macaco que segurava o carro falhou, e o carro desabou, deixando o garoto preso e inconsciente bem no vão da roda que previamente tinha retirado.

Angela não titubeou, de modo que meteu os braços por debaixo do carro e agarrou o brilhante parachoque de metal. O Impala pesava 1,5 mil quilos, mas ela conseguiu levantá-lo alguns centímetros com a intenção de "aliviar a pressão" sobre seu filho que saiu debaixo do veículo sem nenhum arranhão.

Esse episódio reforça a ideia que alguns cientistas sugerem de que os seres humanos, normalmente, não aproveitam ao máximo nosso poder como consequência de várias inibições adquiridas com a evolução.

Pois aí está. Entendi que Jesus de Nazaré ofereceu-nos a chave da apóstrofe do filósofo grego Sócrates, "Gnoti seauton!", "Conhece-te a ti mesmo!". Ao convocarmos, pela fé e confiança, a imagem de Deus adormecida em nós, convocamos e acordamos nosso próprio Mestre, adormecido em nosso peito!

Assim, juntando pé à cabeça, mucumbu com calcanhar, fica também explicado o lema que inseri na gravura da contracapa desse livro: "Levo no peito o clamor das galáxias!".

Estamos em sintonia e comunhão com as estrelas e as galáxias

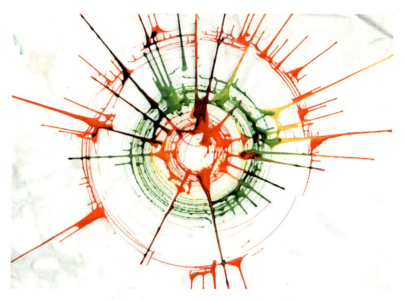

"O ser humano é o coração do universo".
Desenho: neto Pedro Miguel, 9 anos

Quem já teve o privilégio de contemplar um céu pontilhado de faiscantes estrelas, sem dúvida, experimentou, sentiu-se quase arrebatado pelo fascínio de um mundo mágico. Nesse instante, não é apenas nossa mente, mas todo nosso ser que é envolvido. É como se todo nosso ser estivesse num íntimo e profundo colóquio com o céu estrelado. É como se o silêncio estivesse falando em nossas entranhas. Dá para sentir uma linguagem empolgante, clamando dentro de nós, quase a irromper como sussurro aos nossos ouvidos. Possuídos por essa leveza do ser, quase que flutuamos fora das dimensões de tempo e espaço. Entramos em simbiose com o universo como um pequeno fragmento dele. E, como tal, caímos no fluxo dessa torrente de vida atemporal, o Estofo do Universo (segundo Theilhard de Chardin, "A malha do Universo é o próprio Universo".

E, ao mesmo tempo, integrados à sua muda e silenciosa historia, somos como que siderados por uma nostalgia, uma tristeza sorridente, mais doce que a alegria...

Eis aí o que eu chamaria de experiência mítica. Sim, mítica e não mística, por se tratar, aqui, de uma experiência natural do divino em nós.

Mito, de Mithein, significa narrar. É uma linguagem intuitivo-racional, com que, por símbolos e alegorias, a mente humana, numa espécie de empatia com o universo, busca entender e decodificar os enigmas da ampla realidade em que se vê submersa.

Segundo Schelling, mito é a religião natural do gênero humano. As células de nossa mente como que deslizam sobre essa constelação de experiências multisseculares das Sagradas Escrituras e precisam ser libertadas dos estreitos laços da lógica racional, para que encontrem o caminho de volta às galáxias das memórias pretéritas que ali nos espreitam por entre as curvas do tempo. E esse é o papel da linguagem mítica.

Marcelo Gleiser, professor de Física e Astronomia no *Darmouth College*, EEUU, foi ali premiado ao adotar a linguagem mítica para introduzir os conceitos básicos de física, ao invés de recorrer às formulações lógicas da matemática.

Na introdução do seu livro a "Dança do Universo", o professor justifica que nossa mente é capaz de apreender qualquer conceito, desde que devidamente motivada, tocada pelo fascínio. E pode-se dizer que o mito é um invólucro portador de fascínio.

O padre Fernando Bastos de Ávila, SJ, em sua *Pequena enciclopédia de moral e civismo* (Fename, MEC, Rio, 1978), conceitua o mito como uma explicação popular espontânea, dramatizada e num contexto religioso, a partir dos enigmas do universo e, por vezes, também como uma solução forjada a partir de aspirações grupais frustradas.

O Dicionário do Aurélio registra 10 acepções para o termo mito. Todas elas, com pequenas variantes, retratam os elementos básicos apontados por padre Ávila.

Consultado, à nossa volta, o senso comum, constatamos que predomina em nosso imaginário coletivo, exclusivamente as acepções negativas de Mito.

O teólogo Francisco Catão inclui o Mito como um dos quatro predicados constitutivos do que a antropologia entende por religião. Do que se deve concluir que a dimensão de linguagem mítica não deve ser vista como um depreciativo, um aspecto negativo de qualquer conteúdo religioso. Por tratar-se de uma dimensão transcendente da vivência humana, o Mito deve dizer sempre o que não está nas categorias do cotidiano, nem nas da lógica do mundo concreto.

Entretanto essa percepção não é a vigente no senso comum. A longa e profunda influência do positivismo na cultura brasileira tornou a compreensão do mito muito restrita, prevalecendo no imaginário coletivo à acepção defendida por Augusto Comte, que entendia a fase mítica como um estágio primitivo e elementar da evolução humana. Identifica nessas formulações simbólicas, fantasiosas e adversas à lógica, um estágio primitivo da evolução do ser humano que o esclarecimento da racionalidade empírica e científica fatalmente veio suprimir e definitivamente superar. Pois não passa de um conhecimento irracional, infundado, pré-lógico.

A pequena experiência pessoal que venho acumulando nas três últimas décadas leva-me a constatar que essas acepções negativas do Positivismo contaminaram também grande parte de nossa teologia bíblica que enxerga o Mito com suspeita, ao tomar a razão como única trilha confiável de busca da verdade revelada nos textos sagrados. O simples fato de que o discurso mitológico caminha na direção oposta ao da lógica já o desqualificaria.

Platão adotou a linguagem mítica como seu instrumento privilegiado, na busca de novos e mais amplos horizontes para a verdade. Escondia sempre grandes doutrinas dentre de uma narrativa mítica. Nesse sentido, é clássica a narrativo denominada "Mito da Caverna", em que descreve os mais diversos aspectos envolvidos na busca da verdade, a Razão superior, como que entronizada no topo do Universo.

O próprio Aristoteles, embora enfatizando mais os caminhos da lógica, legitimava a linguagem mitológica como um excelente auxiliar na busca do conhecimento, pelo poder que essa tem de dizer coisas que nos maravilham.

A linguagem mítica tem essa característica de conectar as realidades fragmentárias que os nossos sentidos captam às suas dimensões transcendentais, impulsionando-nos às fronteiras do mistério.

frei Arcângelo Buzzi observa que, embora o Mito utilize recursos simbólicos, não se confundem nem se equivalem. O Mito tem maior amplitude semântica. Enquanto a interpretação simbólica é unidimensional, o Mito está sempre apontando para o todo. Ao mesmo tempo, o frade franciscano observa que cada narrativa mítica desdobra-se nos níveis da imanência e da transcendência.

E eu acrescentaria que essa linguagem tem suas próprias credencias e não precisa igualmente ser legitimada pela teologia para nos apontar para Deus, ainda que permanecendo nos domínios de uma religião natural. A propósito, parafraseando Gregório Magno, poderíamos dizer que o Mito é uma linguagem de caráter natural, tão profundamente natural que só o ser divino ousaria adotá-la!

Freud e Jung perceberam a importância dessa linguagem e a ela recorrem na decodificação dos níveis submersos da mente humana, através das figuras dos personagens Eros, Thanatos e Anagke.

Malinovski, visando à dimensão da funcionalidade, entende o Mito como um tecido que fundamenta e consolida a conivência humana. Ele é como que o espelho coletivo em que os indivíduos enxergam-se na sua identidade coletiva. O Mito tem uma profunda identificação com a comunidade, a vida comunitária. No tecido do Mito, espelham-se todos os elementos constitutivos da comunidade: pai, mãe, filho, parentela, o poder político, a atividade econômica, o culto religioso.

Segundo Levi Straus, a linguagem mítica tem valor intrínseco e permanente, na medida em que projetando uma narrativa num cenário contextualizado no passado, veicula condições permanentes do presente e do futuro. O Mito seria como um nó que reúne num só ponto, passado, presente e futuro. Ele pode ainda ser visto como um insight, súbito relâmpago da mente (Nietzsche). A percepção pode ser vaga, difusa, mas é direta e globalizante.

1

ITINERÁRIO DO MESTRE:
A Bíblia primeira

O discípulo segue os passos do Mestre.
Desenho: Pedro Miguel, 9 anos

Segundo frei Carlos Mesters, a Bíblia de papel e impressa que herdamos dos hebreus é a Bíblia segunda. E o que entendemos por Bíblia? Trocando em miúdos, de forma radicalmente sintética, podemos dizer que a Bíblia é a Vontade de Deus codificada. E, nesses termos, essa vontade viva de Deus está impregnada e comandando em tudo o que existe e move-se no universo. Na constelação das estrelas e das galáxias, como nas entranhas de todos os seres vivos: minerais, vegetais e animais. Sejam eles aéreos, aquáticos ou terrestres. Em tudo o que vive e palpita está presente e inserida, de forma silenciosa, discreta e infalível, a vontade de Deus codificada e qualificada por Ieshuah, Nazireu, como o Reino de Deus.

Essa vontade de Deus codificada é também denominada, Reino de Deus, palpita, atua e manifesta-se sempre, confundindo-se com os impulsos vitais da própria natureza. Eis aí a Bíblia primeira.

Por esse princípio, depreendemos que a essência do próprio Deus não é patrimônio exclusivo de nenhuma tradição religiosa. Por esse princípio, vemos um Deus que, pela sua própria natureza é absolutamente generoso e misericordioso e nunca privilegia um povo, uma cultura ou tradição religiosa em detrimento de outra!

Nenhuma tradição religiosa de nenhum povo ou cultura pode arvorar-se como detentora da exclusiva verdade religiosa. Em tudo e acima de tudo, a liberdade é o caminho mais nobre e seguro de empatia, consonância e sintonia com o Deus verdadeiro, único, universal e compartilhado por todos os povos. E ninguém é dono da verdade nem tem direito de excluir ninguém. O Islã cunhou dois predicados muito expressivos do que estamos descrevendo: clemente e misericordioso!

Bíblia primeira e Bíblia segunda São as duas faces do Mestre em nossa vida!

O ingresso suave, mas intenso de frei Carlos em minha vida gerou um verdadeiro "capovolgimento" em meu "plano de voo". Isto é, valho-me aqui desse termo formulado por Marx ao criticar o idealismo nefelibata de Hegel! (Nefelibata: Pessoa que busca se esquivar da realidade; quem vive nas nuvens.) Hegel entendia que a história humana é movida pelas ideias e apontava a revolução francesa conduzida por Napoleão Bonaparte, como o Espírito montado a cavalo, enquanto Marx enxergava no mesmo Napoleão a mão da história traçando rumos! Trocando em miúdos, poderíamos dizer, segundo Hegel, que as palavras são o motor da história, já Marx diria que o mundo move-se sob o motor das ações.

Em diversas situações, Jesus de Nazaré validou o entendimento de Marx, por exemplo, quando declara: "Nem todo aquele que me diz, Senhor, Senhor, entrará no Reino dos céus mas sim aquele que faz a vontade do Pai que está no céu!"(Mt 7, 21).

Apegados às aparências, pessoas tendem a valorizar mais as palavras do que a ação. Pois, sem dúvidas, é mais fácil dizer do que fazer! Foi, por isso mesmo, que Cristo esclareceu-nos o enigma, sob a intuitiva alegoria, a parábola dos dois filhos (Mt 21,28-32).

Nela, para ambos os filhos, o pai pede cordialmente que trabalhem na vinha. O primeiro prontifica-se imediatamente: "Sim, Senhor!", mas não move uma palha. O segundo está decidido: "Não quero!", mas pensa melhor e aparece lá para trabalhar.

No primeiro filho, as palavras são boas e gentis, mas falta a sua realização. No segundo, as palavras até parecem brutas, mas a ação é boa. As palavras por si só não salvam, é preciso praticá-las.

Retomando o fio da meada. Antes de esbarrar em frei Carlos, meu ideário teológico tinha viés escolástico e trilhava mais pelos malabarismos da lógica aristotélica empenhada em dissecar, classificar, medir e pesar palavras, ideias! Parecia-me sempre estar lidando com seres inertes, frios, incolores e distantes. Ou seja, todo meu ser parecia muito bem ajustado mais para as coisas abstratas da teoria do que para o mundo real das coisas práticas.

Ao "alfabetizar"-me na "cartilha" de frei Carlos Mesters, *Bíblia e teologia*, compareciam como seres vivos – inicialmente intrigantes, instigantes e ao final amigos e parceiros. E persistindo no traquejo com eles, iam-se metamorfoseando e ganhavam cores e sabores, impregnados de poesia e vida. Sabor de manga, abacaxi e araçá. Cor, cheiro e gosto de terra e chuva do cerrado goiano-tocantinense. Sabor, cor, odor e vida de minha vida e da vida que me circunda!

Aqui, neste meu receituário a que denominei *Descobre teu próprio mestre!* – *Teoodisseia*, como cão mestre farejador, busco o itinerário, a metodologia, melhor dizendo, a pedagogia adotada pelo mestre dos mestres, o Senhor do universo, clemente e misericordioso, enquadrado na cultura bíblica, como "Ieshoua, ben Iosseph, ben Miriam".

Liberdade, paz: (Bíblia primeira)

O grande biblista holandês, frei Carlos Mesters, com sua argúcia de teólogo identificou a divina suprema pessoa, sob o pseudônimo de Bíblia primeira, qualificada aqui como aquele suave, discreto, mas firme e indelével, comado impregnado no DNA de todos os seres. Esse comando inefável, mas inevitável é também chamado de Reino de Deus, Vontade divina. Tomando apenas uma das grandes, talvez das maiores tradições religiosas, o budismo, encontramos um belo exemplo de expressão cultural do que denominamos Bíblia primeira, apontada 'pelo frade carmelita, o holandês, frei Carlos Mesters.

Conforme o ensinamento do mestre Longen Rabjam Rimpoche, "Ser livre é ser mestre de si mesmo". Para muita gente, essa maestria está ligada à liberdade de ação, de movimento e de opinião, e à oportunidade de atingir as metas estabelecidas para si mesmo. Essa convicção situa a liberdade principalmente fora de nós mesmos, sem tomar consciência da tirania dos pensamentos.

Com efeito, há uma ideia muito difundida no ocidente segundo a qual liberdade significa poder fazer tudo o que se queira e agir conforme cada um dos nossos impulsos. É uma ideia estranha, já que ao fazermos assim nos transformamos em joguete dos pensamentos que perturbam a nossa mente, como os ventos no topo de uma montanha, que dobram a relva em todas as direções.

"Para mim, liberdade seria fazer tudo o que quero, sem que ninguém me impedisse e nem dissesse nada a respeito", disse uma jovem inglesa entrevistada pela BBC. A liberdade anárquica, que tem como único objetivo a satisfação imediata dos desejos, pode trazer felicidade? Temos todas as razões para duvidar dessa proposição. A espontaneidade é uma qualidade preciosa, contanto que não seja confundida com o caos e a agitação mental. Se permitirmos que, em nossa mente, a matilha do desejo, do ciúme, do orgulho ou do ressentimento fique livre para ter acessos de fúria, logo tomará conta de tudo, impondo-nos um universo prisional cada vez maior. As prisões irão adicionando-se e combinando até minarem toda a alegria de viver. No entanto, um único espaço de liberdade interior basta para envolver toda a dimensão da mente. Um espaço vasto, claro e sereno, que dissolve todo tormento e nutre toda a paz.

A liberdade interior é, em primeiro lugar, libertar-se da ditadura do "eu" e do "meu", do "ser" cativo e oprimido, e do "ter" que invade tudo, desse ego que entra em conflito com tudo de que não gosta e busca, desesperadamente, apropriar-se daquilo que cobiça. Saber encontrar o essencial e não se inquietar com aquilo que é acessório traz um profundo sentimento de contentamento, sobre o qual as fantasias do eu não têm nenhum poder. "Aquele que experimenta um contentamento assim", diz o provérbio tibetano, "tem um tesouro na palma da sua mão".

Dessa maneira, ser livre significa se emancipar das aflições que dominam e obscurecem a mente. Significa tomar a vida na nossa própria mão, em vez de abandoná-la às tendências criadas pelo hábito e pela confusão mental. Se um marinheiro solta o timão e deixa as velas da embarcação ao sabor do vento, o navio ao sabor das correntes, isso não se chama liberdade – chama-se ficar à deriva.

O chamado Concílio Vaticano segundo. Concebido e orientado pelo intuitivo papa João XXIII, em suas conclusões finais, emitiu um conceito, diretriz que podemos aplicar para o que estamos chamando de Bíblia primeira. Aqueles sábios teólogos afirmaram que "as sementes do Verbo de Deus estão impregnadas em todas as culturas. Ou seja: todos os povos de todas as culturas recebem e praticam ensinamentos e orientações do Deus que a tudo preside e conduz, com sabedoria." ("Lumen gentium", Constituição dogmática, Vaticano segundo).

Desde seu início, o budismo, que rejeita um deus criador todo-poderoso, uniu-se em parte à religião popular e aos seus deuses, como à religião mago-xamanista oriunda do Tibete e ao tantrismo indiano. Os poderosos deuses da natureza, das montanhas, da tempestade e do granizo sempre precisam ser aplacados com invocações e dádivas. Os templos budistas, muitas vezes, são defendidos por dragões e serpentes, que no Oriente são venerados como seres sobrenaturais e benfazejos. Muitos estudiosos dizem que o budismo, na sua essência, trata-se fundamentalmente de uma disciplina moral de vida, antes de ser uma religião.

Segundo Hans Kung, a contribuição original do budismo para uma ética mundial seria a de que a pessoa sempre é desafiada a crescer e se autossuperar. Cada um tem que percorrer, por si próprio, o seu caminho. O que importa – e que também é decisivo – é esquecer o 'eu', exercitar-se na abnegação, renúncia e suscitar benevolência, em vez de rejeição e exclusão; compaixão, em vez de indiferença e insensibilidade; abertura e acolhida, em vez de inveja e ciúme; equilíbrio e segurança, em lugar de sede de poder, sucesso e prestígio.

"Meu coração está inquieto, Senhor, até que repouse em Ti!" (Santo Agostinho, Confissões)

O amor é o coração da família
Desenho: neta Giulia, 5 anos

"Tarde te Amei! Tarde vos amei, ó beleza tão antiga e tão nova, Tarde vos amei! Eis que habitáveis dentro de mim, e eu lá fora procurando-vos! Disforme, lançava-me sobre estas formosuras que criastes. Estáveis comigo, e eu não estava convosco! Retinha-me longe de Vós aquilo que não existia se não existisse em Vós. Porém, chamastes-me com uma voz tão forte que rompestes a minha surdez! Brilhastes cintilantes, e logo afugentastes a minha cegueira! Exalastes perfume: Respirei-o suspirando por Vós. Tocastes-me e ardi no desejo de Vossa paz! Só na grandeza de Vossa misericórdia coloco toda a minha esperança. Daí-me o que me ordenais, e ordenai-me o que quiserdes. (Santo Agostinho, Confissões).

Quando eu era criança, pensava como menino, sentia e falava como menino. Quando cheguei à idade adulta deixei para trás as atitudes próprias das crianças. Agora, portanto, enxergamos apenas um reflexo obscuro, como em um material polido; entretanto, haverá o dia em que veremos face a face. Hoje, conheço em parte; então, conhecerei perfeitamente, da mesma maneira como plenamente sou conhecido. Sendo assim, permanecem até o momento estes três: a fé, a esperança e o amor. Contudo, o maior deles é o amor! O correto uso dos dons". (1 Cor 13,12ss).

Amparando-me na fé de Abraão, sei e confio que nada em minha vida escapa do pleno controle de um Pai amoroso e sempre presente.

Quando um anjo de Deus toca em nossas vestes e nos aponta a trilha do Mestre

O sono que aprisiona e o anjo que liberta.
Desenho Pedro Miguel.

Quem está mais ou menos familiarizado com as principais narrativas do Novo Testamento, conhece a curiosa figura do Zaqueu descrito pelo evangelista Lucas, capítulo 19, versículos um e seguintes.

Por ser de baixa estatura, esse chefe da Sinagoga, Zaqueu subiu numa árvore para enxergar Jesus de Nazaré que por ali passava. Ele, que buscava apenas a oportunidade de enxergar o famoso pregador e taumaturgo Jesus, ganhou o privilégio de recebê-lo em sua própria casa.

Também eu posso dizer que, pela primeira vez de minha vida, fui tocado pelo encantamento com as coisas de Deus, num dia casual de minha infância em que, movido pela curiosidade e pela fome, galguei uma mangueira, ao encalço de uma sedutora fruta, uma linda e colorida manguita. Ao estender o braço para colhê-la, vislumbrei por entre galhos e folhas três figuras em vistosos trajes eclesiásticos. Lembravam os vigorosos cavaleiros do apocalipse em solene desfile de bandeiras e escudos desfraldados.

Depois, fiquei sabendo que dois deles eram meus primos que envergavam impecáveis batinas pretas, cingidas por lindas faixas azuis que esvoaçavam ao vento como vistosas bandeiras! E os três, como os cavaleiros do Apocalipse, portavam no topo da cabeça austeros chapéus eclesiásticos.

Hoje, com certeza, posso dizer que foi então que me encontrei perdidamente seduzido pelo encantamento e magia do sagrado.

Por ordem de importância, já na minha fase adulta, devo apontar outro "anjo" que o bom Deus encaminhou em meu socorro, foi, exatamente, um discípulo do profeta Elias. E, detalhe curioso: era um velho amigo dos dominicanos. Essa grande e tradicional comunidade religiosa foi o berço e ponto de partida do meu itinerário religioso. Basta dizer que evolui e cresci na fé à sombra e à luz dos filhos de São Domingos de Gusmão. E o prodigioso disso é que esse "anjo" que veio ao meu encontro, embora sendo frade Carmelita, discípulo de Elias, estudou e formou-se em ambiente acadêmico dos dominicanos, como se verifica na ementa da biografia aqui apresentada. Estou me referindo ao frade Carmelita, frei Carlos Mesters.

Como o profeta Elias, também nós, em algum momento de nossa vida, somos alcançados pela graça de Deus, um "anjo" de Deus toca em nossas vestes. E acordamos. Esse "anjo" poderá ser uma conversa, uma palestra, um acidente ou uma doença.

Mas as circunstâncias são as mais diversificadas. Cada um tem sua circunstância particular, de acordo com a pauta de sua vida. Foi também meu caso.

Como e quando tive meu "despertar do sono dogmático"

Lá pela década de setenta, no sertão de Goiás, quis o Bom Deus que eu participasse de um encontro de estudo bíblico, conduzido por frei Carlos Mesters. Foi então que despertei de meu "sono dogmático", para usar uma sensata ponderação do filósofo alemão, Immanuel Kant. Simplificando: é quando, de repente, percebe-se que pensava que sabia, mas não sabia!

Clareando o cenário. Com pouco menos de 40 anos de idade, tive oportunidade de participar de um encontro de estudos sobre metodologia e linguagem das Sagradas Escrituras. O instrutor era um jovem também da minha faixa etária. Era um frade carmelita de naturalidade holandesa. Éramos umas 40 ou 50 pessoas. O jovem instrutor estava modestamente vestido. Apresentava-se bem modestamente. Vedo-o assim tão modesto, pensei, cá com meus botões: será que esse rapazinho vai dar conta do recado?! Se tivessem falado comigo, logo eu destrincharia esse novelo. E ainda bem que não externei esse palpite.

Mas o despretensioso instrutor, revestido daquele irresistível vigor dos sábios, sem pressa alguma, foi, devagarinho, espalhando num vasto painel, criteriosos esquemas e gráficos de que eu não tinha a mínima ideia e de que nunca ouvira falar! E à medida que avançava em seus argumentos e dissertações, diante de meus olhos, o jovem ia-se agigantando, na mesma proporção em que vi também o presunçoso professorzinho, que era eu, ir diminuindo de estatura, quase desaparecendo no findo de um poço sem fundo! Antes de meia hora de sua fala tive que engolir toda a minha ignorância naquele assunto. Conclui, sem modéstia alguma, que eu não passava de um quase analfabeto em Sagradas Escrituras.

Sem dúvida, fui tocado pela graça de Deus e aceitei o tamanho da minha ignorância, ao mesmo tempo em que me empolguei por aquela linguagem simples, mas intensa e profunda. Frei Carlos, partindo sempre de esquemas e modelos bem definidos, mas seguindo sempre as pegadas da vida cotidiana que afeta a todos nós, com golpes precisos de mestre, ia rasgando e abrindo frestas e trilhas por entre o cipoal de textos das Sagradas Escrituras.

Sob modestas aparências de narrativas que pareciam desconexas, rudes e toscas, o sábio frade carmelita nos apontava afirmações e ensinamentos que jamais suspeitara estar ali como que camuflados. Para usar a linguagem mágica das estórias de "Trancoso", de repente, percebi que, disfarçado num simples toco, numa pedra ou até num asqueroso sapo poderia estar escondido um príncipe, um feiticeiro ou uma princesa!

Ao final daqueles encontros acabei descobrindo que dentro e debaixo dos setenta e três livros havia uma inesgotável mina de tesouros a serem explorados, pesquisados e desvendados!

Aqui, se me impõe uma das primeiras e preciosas consequências: em coerência com meu "capovolgimento" assumir compromissos na vida real, qualificando-me para entrar em sintonia fina com o fiel e seguro seguimento de meu próprio Mestre interior que, no exercício pleno de sua divindade definiu-se como: caminho, verdade e vida. Nesses termos, cultivando a atitude verdade, fruto da justiça, tenho a honra de apresentar aqui minha, espécie de testemunho ou testamento que assumo sob o título a seguir.

J'accuse: crime de lesa-majestade!

Como diria no dialeto goiano, levo já na cacunda minhas oito décadas de existência. Assim, abri mão de algumas veleidades, mas ativei, mais ainda, algumas utopias. Entre elas, destaco um programa-proposta dos frades dominicanos holandeses. Noutra parte desse meu testamento, declaro que carrego no meu DNA cultural o viés, a ideologia da tradição da ordem missionária dos dominicanos. Fundada em Toulouse, França em 22 de dezembro de 1216 pelo Presbitero castelhano Domingos de Gusmão.

Confesso que, nos idos de 1980, como muitos dos colegas do movimento Rumos, Associação das famílias dos padres casados do Brasil, logo nos primeiros anos do novo itinerário de minha nova trilha no seguimento de meu próprio Mestre interior, alimentei um sincero e forte desejo e esperança de readmissão ao ministério presbiteral. Entretanto, a veleidade teve curta duração!

Logo, as primeiras cacetadas do autocrático papa Paulo II acordaram em mim um profundo e saudável reexame e reavaliação de todas as bases da minha eclesiologia, operando, também aqui, aquele mencionado "capovolgimento".

Fonte de minhas observações e constatações: os círculos mais próximos das sacristias e as adjacências curiais. Por todas essas cercanias, minha sensibilidade olfativa, oxigenada por uma acurada pesquisa e estudo das Sagradas Escrituras, foi farejando estranhos odores: por um lado, o malcheiroso enxofre do clericalismo pretensioso e hipócrita e, por outro, a ácida subserviência infantilizada do laicato.

Dissecando esses odores, fui concluindo que não me ficavam bem nem a pele do presbítero convencido de carregar tal sacerdócio exclusivo nem a máscara de um leigo que se enxerga como uma espécie de coroinha.

Não reduzidos, mas promovidos ao estado leigo

Na verdade, até hoje ainda ecoam nos meus ouvidos a solene proclamação que um estudioso colega fez no Encontro Nacional de Ribeirão Preto: "Não fomos reduzidos; fomos promovidos ao estado leigo!".

Leigo entendido como o "Laós", o Povo santo e pecador.

E povo como herdeiro das alianças e beneficiário das promessas de salvação, povo consagrado, por oposição aos profanos (*Cf. Dicionário Crítico de Teologia,* de Jean-Yves Lacoste).

Por esses dias, a teóloga biblista Aíla Luzia Pinheiro de Andrade, estudando a Exortação aos Hebreus, em artigo publicado na revista franciscana *Estudos Bíblicos*, volume 30, número 119, afirma, literalmente:

> Para a carta aos Hebreus o sacerdócio de Cristo e o sacerdócio dos cristãos (homens e mulheres) são laicos. Na concepção do autor, um sacerdócio praticado somente por uma parte (*kleros*) dos cristãos é algo impensável, pois o que nos faz ser sacerdotes é o fato de sermos membros do Corpo do único sacerdote, o Cristo. A maioria dos cristãos, nos tempos atuais, está confusa sobre esse aspecto de nossa fé. No âmbito católico principalmente, as pessoas pensam que o sacramento da ordem confere o sacerdócio a alguém, contudo, é a Iniciação cristã a única forma de se conferir o sacerdócio no cristianismo. Todos os seguidores de Jesus, homens e mulheres, são sacerdotes. O Sacramento da Ordem faz com que alguém que já é sacerdote pelo batismo seja inserido no clero (*kleros*), ou seja, no grupo (ordo, classe) dos que lideram a comunidade.

No contexto dessas ousadas palavras da teóloga, recordemo-nos do documento de 38 páginas difundido em todas as 1.300 paróquias católicas da Holanda, intitulado *Kerk en Ambt,* Igreja e Ministério.

(Disponível em: http://www.padrescasados.org/archives/25549/crime-de-lesa-majestade/)

Quem preside a celebração da eucaristia?!

Os padres dominicanos propõem que uma pessoa escolhida pela comunidade presida igualmente a celebração da eucaristia. "Não faz diferença alguma que seja um homem ou uma mulher, homossexual ou que seja heterossexual, casado ou solteiro.". A pessoa escolhida e a comunidade pronunciariam juntas as palavras da consagração. "Pronunciar essas palavras não é um direito reservado ao sacerdote. É a expressão consciente de fé da comunidade inteira".

O opúsculo tem a aprovação dos superiores da ordem na Holanda e foi redigido pelos padres André Lascaris, professor de Teologia em Nimegue; Jan Nieuwenhuis, ex-diretor do Centro Ecumênico dos Dominicanos de Amsterdã; Harrie Salemans, pároco em Utrecht; e Ad Willems, outro teólogo de Nimegue.

O teólogo inspirador, no fundo desse quadro, é outro, o mais famoso dominicano holandês, Edward Schillebeeckx, de 93 anos, que nos anos 1980 acabou caindo sob o exame da Congregação para a Doutrina da Fé por causa de teses próximas daquelas agora expostas nesse opúsculo.

A Conferência Episcopal Holandesa reserva-se o direito de replicar oficialmente esse opúsculo. Mas já fez saber que a proposta dos dominicanos parece estar "em conflito com a doutrina da Igreja Católica".

A polêmica instalou-se no catolicismo holandês e na ordem dominicana. Além de propor a celebração da missa por pessoas escolhidas pela comunidade, o texto sugere uma espécie de revolta das "bases" católicas: é preciso que os fiéis tenham a "liberdade necessária, teologicamente justificada, para escolher seu líder ou sua equipe de líderes a partir do seu seio", escrevem.

Intitulado *A Igreja e o Ministério*, o documento acaba, no entanto, por se centrar na questão de quem pode ou não celebrar a eucaristia. Questão que o próprio Legrand não deixa passar ao lado. "Hoje, os debates concentram-se na questão do poder".

Perfil de um mestre que sabe conduzir ao Mestre

Assim, para testemunhar aqui a importância e a gratidão que tenho por esse servo de Deus, discípulo do profeta Elias, que teve o mérito de "me acordar do sono dogmático", faço questão de apresentar e compartilhar o conhecimento desse valioso "despertador de sonos dogmáticos!".

Para tanto, socorro-me aqui da excelente biografia de frei Carlos Mesters, de autoria do frade teólogo dominicano, frei Eliseu Lopes.

O presente texto encontra-se publicado em versão ampliada no livro *Reflexos da Brisa Leve*, publicado por ocasião do aniversário de 60 anos de frei Carlos Mesters.

Ao se encontrar com Carlos Mesters pela primeira vez, Maria, de ltapuranga (GO), exclamou: "Então o Sr. é que é o frei Carlos Mestre? Parece flor crescida na sombra: alto, esguio e pálido.". É isso o frei Carlos. É flor crescida na sombra.

Nasceu como uma tulipa, sem ostentação, numa cidadezinha ao sul da Holanda. Cresceu na acolhedora e cálida sombra de uma família biblicamente perfeita: sete irmãos. Na infância, viveu os anos sombrios da Segunda Guerra Mundial. Mas, pela localização geográfica, sua cidade ficou à sombra dos acontecimentos e não sofreu grandes transtornos.

Jacobus Gerardus Hubertus Mesters nasceu na Holanda, no dia 20 de outubro de 1931. Foi esse o nome que recebeu na pia batismal. Vinte anos mais tarde, ao receber o hábito da Ordem Carrnelita, já no Brasil, foi rebatizado de Carlos: frei Carlos Mesters.

Quando fala ao povo sobre a Bíblia, frei Carlos recorre às vezes a algumas imagens familiares, impregnadas de reminiscências da infância. A Bíblia é como um álbum de família. Numa desordem organizada, seguindo o ritmo da vida, oferece um espelho da família. Enfeixa e reúne, na seqüência das páginas e até numa página só, o registro de cenas e fatos distantes no tempo. Anos e anos podem ser folheados num minuto. Vêm emendados, um no outro, acontecimentos com séculos de distância.

O Brasil como lar definitivo

Aos 17 anos, o jovem Jacobus Mesters escolheu o Brasil como campo de sua futura atividade missionária. No dia 6 de janeiro de 1949, festa dos Santos Reis, ele e seu amigo Vital Wilderink tomaram o navio rumo ao Brasil. Foram duas semanas entre o céu e o mar. No dia 20 de janeiro, o navio lançou âncoras no porto do Rio de Janeiro. Era a festa do padroeiro da cidade, S. Sebastião. Uma numerosa procissão caminhava pelas ruas, e aquele espetáculo marcou suas primeiras impressões da terra que adotara como sua nova pátria.

Voltou para o navio e pôde assim contemplar com novos olhos a beleza do litoral até a cidade de Santos, onde desembarcou no dia seguinte. As paisagens de sua nova pátria descortinaram-se, exuberantes, na subida de Santos a São Paulo.

No convento da Rua Martiniano de Carvalho, completou o curso de Humanidades e, em janeiro de 1951, com o hábito de carmelita, recebeu o sonoro nome de frei Carlos.

Muito sabiamente, os carmelitas enviavam seus futuros missionários em plena juventude e ainda no período de formação, numa fase muito propícia à inculturação. Frei Carlos abrasileirou-se tão bem que, no encontro intereclesial das CEBs em João Pessoa (PB), quando os peritos foram escolher alguém que pudesse falar ao povo de modo compreensível, escolheram-no, por unanimidade, como seu porta-voz.

Terminado o noviciado, fez a profissão religiosa no dia 22 de janeiro de 1952. Cursou a Filosofia em São Paulo e foi fazer a Teologia em Roma, no Colégio Internacional Santo Alberto, em 1954. Foi consagrado presbítero no dia 7 de julho de 1957.

Formou-se em Teologia no Angelicum, a respeitada Faculdade Teológica dos dominicanos, em 1958. Em ciências bíblicas, formou-se primeiro, no Institutum Biblicum dirigido pelos jesuítas em Roma e, depois, na Escola Bíblica de Jerusalém, dos dominicanos. Em 1962, voltou a Roma para defender tese junto à Pontifícia Comissão Bíblica. Em 1963, de volta ao Brasil, foi nomeado professor no curso Teológico dos Carmelitas, em São Paulo. Pelo testemunho de alguns de seus ex-alunos, a Exegese, até então considerada uma matéria árida e secundária, passou a merecer um grande interesse, graças às virtudes didáticas e, sobretudo, ao entusiasmo contagiante do jovem mestre. Seu desempenho como professor não passou despercebido: em 1967, foi convocado para dar aulas no Colégio Internacional Santo Alberto, em Roma.

É claro que esse "brasileiro" não podia se conformar em ficar longe do Brasil. Em 1968, deu por encerrada sua colaboração em Roma e voltou, sendo transferido para Belo Horizonte (MG), onde o Convento do Carmo destacava-se como um centro de irradiação, um lugar de acolhimento e um ponto de referência, naqueles tempos convulsos.

Foi chamado para lecionar no Instituto Central de Teologia e Filosofia da Universidade Católica, que vivia uma fase de grande efervescência. Aliás, todo o mundo estudantil, em Belo Horizonte, estava em febre alta. Frei Carlos e seus companheiros participavam ativamente dos movimentos de resistência ao regime militar.

Como despertei para o protagonismo do Mestre em minha vida

Sonhando acordado.
Desenho da neta, Giulia, aos 4 anos

Nos anos 70, tive oportunidade de ler o romance de A.J. Cronin: *As chaves do Reino*. Fiquei profundamente impactado pelo estilo extremamente original e criativo do Padre Francis Chisholm, cuja vida ilustra a fórmula "Ama e faz o que quiseres" (Santo Agostinho).

Esse missionário tinha um comportamento fora de todos os padrões do padre convencional que conheci em minha vida. Embora proveniente de uma comunidade escocesa muito formal e tradicionalista, por estranhas e desconhecidas razões, padre Francis tinha uma desenvoltura e generosidade no trato e convívio com as pessoas que não se enquadravam em nada do que se esperaria de um padre.

O que mais me chamou a atenção no seu modo de agir foi a liberdade como se relacionava com as pessoas, deixando que elas fossem elas mesmas e acordando nelas os traços mais generosos de que fossem capazes. Dava para perceber que o missionário escocês tinha em grande conta a liberdade das pessoas. Ainda que missionário, de quem se esperava o maior empenho em conquistar mais adeptos para a religião católica, padre Francis colocava em primeiro lugar o respeito absoluta pela livre escolha de cada um. Ou seja: padre Francis não fazia proselitismo e respeitava a religião de cada um.

A predisposição de Francis para o amor, que o leva a ser um amigo genuíno do mandarim Chia [a quem também recusa uma "conversão insincera", motivada pela gratidão], ou de um casal de pastores protestantes norte-americanos, que se esperaria que viessem a ser seus rivais, senão inimigos, na obra de evangelização.

A leitura desse romance cristão de A. J. Cronin, acordou-me para o caráter precioso e divino da liberdade humana. Aprendi com o protagonista do romance, padre Francis, que, se pudéssemos determinar qual a religião preferida por Deus, a partir dessa leitura, aprendi que a liberdade é a primeira e única religião verdadeira e universal e fora dela não há salvação.

Acredito que Cristo também pensava assim quando disse: "Nem todo aquele que me diz: – Senhor, Senhor, entrará no Reino dos céus. E sim aquele que faz a vontade de meu Pai que está nos céus" (Mt 7,21). Por isso, também, ele dizia aos pretensiosos fariseus: "Os publicanos e as prostitutas vos precederão no Reino dos céus!" (Mt 21,31).

2

Bíblia, A pedagogia do Mestre em nossa vida

Basicamente, podemos olhar e enxergar a Bíblia por duas óticas: uma ótica ingênua, fundamentalista pinçando só relatos edificantes; outra, realista e crítica, como a Igreja católica recomenda. Precisamos olhar a Biblia inteira, sem excluir o pecado e a violência, mas apontando também as coisas e fatos bonitos e edificantes.

Foi exatamente com esse olhar que frei Carlos Mesters define a Bíblia como uma "colcha de retalhos" entre outras coisas, entende também que ali se encontra um caleidoscópio de visões do mundo. Há um Salmo bem típico para ilustrar isso, em que se diz: "Diz o ímpio: Deus não existe!" Se um desonesto ateu recorta a sentença, informa que, na Bíblia, diz-se que Deus não existe!

Já desde o início da presença da humanidade que encontramos ali o bem e o mal, lado a lado. Gentileza ao lado de violências. Irmão matando irmão. Caim mata seu irmão Abel. Guerras, roubo e pilhagens.

Em suma, a Bíblia mostra o ser humano em todas as suas virtudes e vícios. Por isso, recentemente, o papa teólogo, Bento XVI recomendou que se chame a bíblia de Sagradas Escrituras e não A Palavra de Deus. A Palavra de Deus é exclusivamente Jesus Cristo, segunda pessoa da Santíssima trindade e filho de Maria de Nazaré.

O ser humano é apresentado na Bíblia como imagem e semelhança de Deus. Mas a bíblia tem o cuidado de mostrar todos os defeitos do ser humano. Sua grandeza e sua miséria. A partir disso, a bíblia não autoriza ninguém a ser dono da verdade. Só Deus é a Verdade!

João Boanerges: no "compasso binário" da orquestra do Universo!

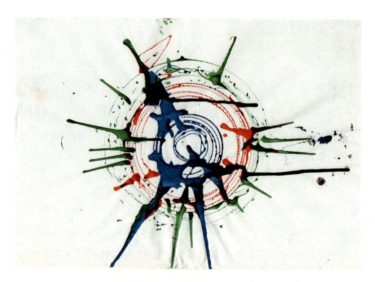

O Universo pulsando em sístole e diástole.
Desenho neto Pedro Miguel

Encontramos no evangelista João essa verdadeira ideia fixa da antinomia, da bipolaridade de tudo. Pode ser estranho, mas toda a complexidade de um computador reduz-se, em última instância, à sua expressão mínima, elementar da bipolaridade. A energia que circula em todos os componentes de um PC, basicamente binária e bipolar. Sístole e diástole bem combinam com os polos opostos positivo e negativo; mais e menos; zero e um. Sabemos que todos os milhões de arranjos e combinações de um computador reduzem-se ao duplo princípio que o opera: o positivo e o negativo. Os dois combinam-se em trilhões e trilhões de arranjos, podendo acomodar, em sua memória, trilhões e trilhões de informações.

Por algum misterioso desígnio do Pai, o evangelista João é, entre os 12, o único que se fixou nessa tese intuitiva de definição explicativa do "coração de Deus".

Ao reclinar-se no regaço do Mestre, captando o compasso binário das batidas do coração de Ieshuá, teria o Boanerges, por intuição, colhido a maior de todas as revelações do Nazareno? O motor binário do coração de Deus?!

E um coração que, à semelhança do coração humano, é movido exatamente pelo princípio da contradição, numa bipolaridade como principio básico da energia e da vida. O que, em última instância, sintetizaria as duas conclusivas e definitivas Sentenças do Nazareno: – "Afastai-vos. Malditos" e "– Vinde, benditos de meu Pai!".

Mas há ainda uma segunda dimensão de bipolaridade e antinomia. Sob o frágil, oculta-se a fortaleza; sob o pequeno e insignificante, oculta-se a grandeza; sob a pobreza a riqueza! É exatamente isto que encontramos no belo hino do "magnificat", descrito no capítulo primeiro do evangelho de Lucas, ou também chamado "Cântico de Maria".

Teria essa "ideia fixa" do filho do trovão sido recolhida ali como seu primeiro apocalipse? Teria sido essa a primeira e maior das revelações que os afinados ouvidos de sua fé colheram do regaço do Mestre amado? Séculos depois, o intuitivo e amoroso "poverello de Assis", gemendo, desabafou: "O Amor não é amado!".

Prólogo do evangelho de João, "Sexta Sinfonia"

O Mestre é luz sobre trevas.
Desenho neta Giulia, 7 anos

Para quem aprecia música clássica, o belo poema musical de Beethoven, "Sexta Sinfonia", também chamada de Pastoral, a exemplo do Pentateuco, é constituída de cinco movimentos. Dentro da chamada música programática, essa sinfonia evoca uma bela síntese do universo. Assim, poderíamos dizer que se, no Pentateuco, encontramos uma recapitulação do universo criado, no prólogo do evangelho de João, como na "Sexta Sinfonia" de Beethoven, ouvimos uma apoteose da humanidade regenerada em harmonia plena com o universo da recriação.

A partir do século 16, a Sagrada liturgia da Igreja católica introduzira na estrutura da celebração eucarística a leitura dos 16 primeiros versículos do capítulo primeiro do evangelho de São João. Essa prática permaneceu ate o século 20, no Concílio Vaticano segundo. O objetivo era sublinhar a estreita conexão entre os três principais mistérios da nossa fé: Criação; Encarnação e Redenção. O belo poema do apóstolo amado traçou e pincelou na tela desses versículos a linda canção do amor de Deus por todas as suas criaturas.

Mas além desse nexo há outro mais forte, grandioso e belo. E o foco dessa outra narrativa é exatamente o ponto de partida de todas as coisas.

Numa intuição magistral, o discípulo amado teve a mesma percepção e o mesmo insight do apóstolo Paulo. Em Cristo, tudo foi recapitulado.

O primeiro a tomar a iniciativa de desenvolver, de modo admirável, o tema da "recapitulação" foi Santo Irineu, bispo de Lyon, na França, um dos grandes padres da Igreja do século II.

Suas afirmações foram feitas contra toda fragmentação da história da salvação, contra toda separação entre a Antiga e Nova Aliança, contra toda dispersão da revelação e da ação divina.

Na expressão "Cristo reúne em si todas as coisas", Santo Irineu inclui o homem, tocado pelo mistério da Encarnação. Essa afluência de todos os seres em Cristo, centro do tempo e do espaço, realiza-se progressivamente na história, ultrapassando os obstáculos e as resistências do pecado e do Maligno.

Para ilustrar essa tensão, Santo Irineu recorre à oposição, apresentada por São Paulo, entre Cristo e Adão: Cristo é o novo Adão, ou seja, o Primogênito da humanidade fiel, que acolhe, com amor e obediência, os desígnios da redenção, que Deus traçou como alma e meta da história.

Por isso, Cristo aniquila a obra da devastação, as horríveis idolatrias, as violências e todo pecado que o rebelde Adão semeou na história secular da humanidade e no horizonte da criação. Com a sua plena obediência ao Pai, Cristo inaugura a era da pacificação com Deus e entre os homens, reconciliando em si a humanidade dispersa. Ele "recapitula" em si a figura de Adão, que representa toda a humanidade, e transforma-o em filho de Deus e o conduz à plena comunhão com o Pai.

Assim, afirma o papa, toda a obra da criação chegará à sua plenitude na realização da história, quando se dará a plena atuação do projeto original do Criador, isto é, quando Deus e o homem, a mulher e o homem, a humanidade e a natureza, viverão em harmonia, em diálogo, em comunhão. Enfim, quando Ele será tudo para todos e em todos! Essa será a "recapitulação" de tudo em Cristo. Os que estiverem unidos a Cristo formarão uma comunidade de redimidos, que jamais será ferida pelo pecado, pelas impurezas, pelo amor próprio, que destroem e ferem a comunidade terrena dos homens. Em vista de tal meta, a Igreja não cessa de invocar com ardor: "Maranatha!"Vem, Senhor Jesus!

O que lemos nas Sagradas Escrituras

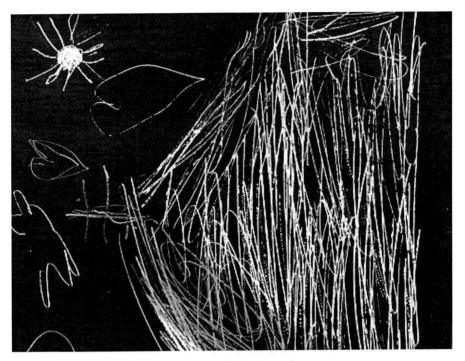

Luz e trevas, início do mundo.
Desenho Pietra, 4 anos.

No princípio era o Verbo, e o Verbo estava com Deus, e o Verbo era Deus. Ele estava no princípio com Deus.Todas as coisas foram feitas por ele, e sem ele nada do que foi feito se fez.Nele estava a vida, e a vida era a luz dos homens. E a luz resplandece nas trevas, e as trevas não a compreenderam.Houve um homem enviado de Deus, cujo nome era João. Este veio para testemunho, para que testificasse da luz, para que todos cressem por ele. Não era ele a luz, mas para que testificasse da luz.Ali estava a luz verdadeira, que ilumina a todo o homem que vem ao mundo. Estava no mundo, e o mundo foi feito por ele, e o mundo não o conheceu. Veio para o que era seu, e os seus não o receberam.Mas, a todos quantos o receberam, deu-lhes o poder de serem feitos filhos de Deus, aos que crêem no seu nome; Os quais não nasceram do sangue, nem da vontade da carne, nem da vontade do homem, mas de Deus. E o Verbo se fez carne, e habitou entre nós, e vimos a sua glória, como a glória do unigênito do Pai, cheio de graça e de verdade João testificou dele, e clamou, dizendo: Este era aquele de quem eu dizia: O que vem após mim é antes de mim, porque foi primeiro do que eu.E todos nós recebemos também da sua plenitude, e graça por graça. (Jo1,1-16).

Um GPS das Sagradas Escrituras – seus quatro pontos cardeais

Todo caminho é vão quando não se tem o rumo certo.
Desenho Pedro Miguel.

Durante mais de 20 anos, na comunidade paroquial que frequento, ministrei palestras preparatórias dos sacramentos de iniciação cristã. Coerente com os ensinamentos bíblicos que aprendi com frei Carlos Mesters, dedicava a maior parte do tempo para despertar as pessoas para um melhor conhecimento das Sagradas Escrituras. Para facilitar esse trabalho, recorria ao uso da linguagem figurada, com abundantes alegorias, como é próprio da cultura bíblica.

Assim, para mergulhar a mente das pessoas no clima da cultura hebréia, nosso encontro era eminentemente prático. Providenciei umas 60 Bíblias e todos tinham em mãos uma Bíblia para se exercitarem. Chamava a essa parte da palestra de "Oficina bíblica!".

Para começar, apontava e assinalava para as pessoas, os quatro pontos cardeais da Bíblia.

Chamava de norte, o primeiro bloco de livros do chamado *Antigo Testamento* ou *Primeira Aliança*, que são os cinco primeiros livros da Bíblia: o *Pentateuco*, Gênesis; *Êxodo*; *Levítico*; *Números*; *Deuteronômio*. O ponto cardeal sul é exatamente o último livro da Bíblia: o Apocalipse. O apóstolo João exorta-nos à perseverança até nosso encontro final com o Senhor Jesus. O ponto leste da Bíblia, isto é, onde o Sol nasce, entenda-se Sol como símbolo de Deus, que buscamos pela oração. Esse oriente, nascente do Sol, encontra-se exatamente no centro da Bíblia. São os *Salmos*, aqueles esteios ou forquilhas de sustentação da casa de nossa vida. Nesse momento do exercício, solicito aos presentes de declararem qual o salmo de que mais gostam. Feito isso, todos acompanham a leitura e meditação daqueles salmos indicados.

O ponto cardeal oeste encontra-se na quarta parte dos livros da Bíblia. Isto é, se dividirmos o volume total da Bíblia em quatro partes, o oeste apresenta-nos os quatro evangelhos e todos os demais livros do *Novo Testamento* ou *Segunda Aliança*.

Nessa altura, destaco um episódio simbólico do novo caminho apontado por Jesus. Esse caminho é o da misericórdia. Ilustro esse episódio com a parábola do filho pródigo. Lembro também que esse ensinamento de Jesus encontra-se no coração das grandes religiões, como budistas e maometanos. Assim, por exemplo, cada uma das lições do Corão introduz-se invocando "O Clemente e Misericordioso". E os budistas recomendam que nem mesmo uma formiguinha deve ser esmagada, pois, de alguma forma, ela espelha uma minúscula faceta do grande mantenedor de todas as formas de vida!

Na conclusão dessa minha palestra, determino, como "lição de casa" para todos cumprirem, o compromisso de lerem o livro de *Tobias*. A indicação desse exercício tem um duplo propósito. Primeiro, é realçar os valores cristãos básicos de uma família. Pois esse livro é, no fundo, uma grande parábola, uma linda novela que os sábios rabinos criaram para instruir os deveres de uma família fiel e temente a Deus. Nessa bela novela, assim como nas parábolas de Cristo, vemos os laços de amor que unem filhos e pais. Mostra-nos ali também o papel e a força da oração como poderoso instrumento que nos liberta das forças do maligno, "o diabo, que, como leão tentador, que está sempre nos rodeando, buscando a quem devorar.primeira." (Pedro, 5,8).

O segundo propósito é poder identificar uma Bíblia católica e uma evangélica. Pois só as Bíblias católicas incluem esse livro.

Os textos das Sagradas Escrituras não são fórmulas de uma equação

Por serem textos produzidos por culturas, povos e costumes muito distantes e diferentes dos da nossa cultura, não se pense que, lendo aqueles textos, tropeçamos em informações claras, como uma lista de verdades.

A inspirada intuição de frei Carlos propõe-nos uma bela metáfora que expressa e traduz as dificuldades iniciais que os textos bíblicos apresentam-nos. Diz ele, a Bíblia é como uma melancia. Por fora, tem uma casca sólida e resistente. Mas, quando a rompemos, encontramos uma polpa deliciosa, suculenta e abundante!

Outra metáfora de frei Carlos para descrever o que podemos e devemos enxergar na Bíblia é o de álbum de família. Ali, encontramos espelhada a família com todas as suas contradições: heróis e covardes; generosidade e egoísmo.

Outra dimensão da bíblia que não podemos omitir: a multiplicidade e variedade de textos e os gêneros literários lembra-nos de que ela é uma produção de muitas e diversas comunidades. E, assim sendo, a comunidade é o local e espaço adequado para ser bem e verdadeiramente entendida. Portanto, toda abordagem meramente individual ou isolando textos, ou buscando interpretações subjetivas, produzem sempre entendimentos falsos e deformados. Podemos compreender isso facilmente com o auxilio de mais uma alegoria.

Trata-se daquele episódio dos cegos e o elefante. Quem primeiro relatou-me essa narrativa foi meu professor de Psicologia, quando eu cursava Filosofia. Um grupo de cegos esbarrou num elefante e começou a discutir sobre como seria aquele gigante. O primeiro que se aproximou da cauda do animal logo se apressou em definir a criatura como uma enorme serpente. Já o que estava apalpando a tromba discordou, frisando que ali se tratava era um gigantesco lagarto. Mas os que estavam apalpando as quatro patas discordaram totalmente definindo a tal criatura como gigantescas colunas de sustentação de um templo. Entretanto, os demais que se postaram nas duas laterais do tronco ou barriga do animal discordaram totalmente de todos seus colegas. O monstruoso ser tinha a forma exata de uma grande muralha. Para esses, portanto, o elefante não passava de uma colossal muralha.

Notamos, pelo relato, que todos os cegos erraram em seus prognósticos. E erraram porque cada um quis que sua constatação fosse a única verdadeira. Se fossem menos apressados e mais modestos, depois de cada um fazer sua verificação, ouvissem, antes, a dos demais, teriam montado o quebra-cabeça; teriam chegado a uma declaração mais adequada à verdade dos fatos. Erraram no varejo, mas poderiam ter acertado no atacado.

Vamos brincar de "Legoninjago?"

Carregamos no peito a bruxa e o guerreiro!
Desenho do neto Pedro Miguel, 7anos.

Para abordar e clarear o labirinto que são os livros das Sagradas Escrituras, proponho uma espécie de brincadeira. O propósito é mergulhar a mente do leitor num ambiente lúdico, quebrando os paradigmas do quotidiano. E, assim fazendo, vermo-nos e aceitarmos como simples peças, movidas e operadas pelas sábias mãos da Divina Providência!

E o cenário é um dos episódios mais instigantes do *Novo Testamento*. Trata-se da narrativa do capítulo três do evangelho de João descrevendo o diálogo de Jesus e Nicodemos.

E o cerne do discurso é o desafio que Jesus apresenta ao atencioso Nicodemos. A mensagem do nazareno, para ser absorvida, requer um novo nascimento.

E ocorreu-me que o modo mais fácil de mergulharmos no clima proposto por Jesus seria o brinquedo chamado Lego. Legoninjago. Como cheguei a essa conclusão?!

É que tenho observado meu netinho, Pedro Miguel. Ele adora ganhar legos. Tem muito prazer e empenha-se, com muito esmero, com a paciência e a persistência de um monge, em encontrar as peças certas para os apropriados lugares do conjunto proposto, sobretudo os "Lego Ninjago". Por essa ótica, a própria Bíblia, toda ela é um grande quebra cabeça, alegoria de aspectos e momentos, os mais diversos, de nossa vida, a vida do ser humano.

Diria que o Senhor Deus colocou-nos nesse mundo com o propósito de montar o "quebra cabeça" da nossa própria existência.

Como "crianças", ao nascermos, recebemos no saco da vida um punhado de peças que devemos, ao longo de nossa trajetória terrestre, ir encaixando, cada peça no seu exato lugar. Nenhuma criatura humana recebe pacotes iguais. Cada uma tem seu "Lego", seu quebra-cabeça para ir montando ao longo de sua vida.

Assim, por essa ótica, temos uma excelente explicação de por que dois irmãos, até gêmeos, acabam tomando rumos diferentes na vida. Nessa cosmovisão, há ainda um segundo aspecto a considerar. A partir desse ponto de vista, entende-se perfeitamente por que uns vivem pouco e outros vivem muito.

Primeiro, é que cada um tem seu próprio pacote com suas próprias figuras, pois há uma inesgotável variedade deles. E não tenhamos dúvida: nosso bom Pai Criador não conhece limites para sua criatividade! E o segundo fator é que uns são rápidos para descobrir os encaixes certos. Outros já demoram muito.

Por esse exercício, pretendemos sublinhar e reforçar a importância que tem, para todos nós, cumprirmos bem nossa tarefa de alcançarmos nossos objetivos e a felicidade que almejamos.

Cada um de nós recebeu sua própria missão e ninguém mais poderá executá-la. Assim, nesse horizonte, todos somos importantes e indispensáveis para o grande plano do Senhor nosso Deus!

Com essa percepção, toda comunidade é também um "Legoninjago", um quebra cabeça em que cada indivíduo é uma peça que tem um lugar certo para se encaixar no todo. A teologia católica chama a isso de "Corpo místico de Cristo".

O apóstolo São Paulo em I Coríntios 12,12-14, descreve a Igreja como o corpo de Jesus Cristo, sendo o próprio Cristo a cabeça.

O papa Pio XII, na sua encíclica Mystici Corporis Christi (1943) reafirmou que a Igreja de Cristo, que é (ou *está* ou *subsiste*) na Igreja católica, é um Corpo místico encabeçado por Cristo. O papa explicita que a Igreja é chamada de *Corpo*, porque é uma entidade viva, formada por fieis vivos, que são os seus membros; a Igreja é chamada de *Corpo de Cristo*, porque Cristo é a sua Cabeça e o seu Fundador; a Igreja é ainda chamada de *Corpo místico*, porque ela não é uma instituição puramente humana, material e terrena, mas também não é uma entidade puramente espiritual e divina. A Igreja é, pois, uma comunhão supranacional e unificadora de todo o gênero humano com Deus e em Deus.

Essa encíclica de Pio XII, pelo seu tema tratado, teve grandes repercussões no seio da Igreja católica, suscitando vários debates e discussões sobre o seu conteúdo. Como por exemplo, devido aos seus ensinamentos teológicos, os fieis católicos, sejam eles clérigos, leigos ou consagrados, passaram pouco a pouco a gozar de igual dignidade entre si, apenas diferenciando-se nas suas funções. Essa encíclica, que se baseava na teologia de São Paulo, influenciou também fortemente o próprio Concílio Vaticano II (1962-1965), que usou e defendeu o seu conceito de Igreja (a Igreja como Corpo místico de Cristo) na sua constituição dogmática *Lumen Gentium*, que trata da natureza e da constituição da Igreja.

Descrevendo o "brinquedo" "Legoninjago" – partes integrantes do artefato

A criatura Legoninjago, engendrada no presente documentário, se apresentará constituída de vários membros e elementos. E o primeiro deles: por se tratar de um simulacro de ser humano, a criatura, antes de ser montada e instalada, requer o território de sua própria geografia. Que, no caso, é, naturalmente, a Palestina. E, como tal, aí comparecem personagens arquétipos bem específicos, como os patriarcas, Noé, Abraão, Jacó, Moisés, Elias etc.

Os membros superiores e inferiores da "criatura" serão constituídos por passagens especificas recolhidas entre os proféticos e os sapienciais que, de alguma forma, amparam, ampliam ou repercutem o "Reino de Deus e seus Sinais".

Sendo as Sagradas Escrituras a matéria-prima de que serão "confeccionadas" todas as peças do Legoninjago, uma boa parte do presente trabalho se ocupará em visitar, reproduzir e meditar dezenas de passagens relevantes e indispensáveis para uma caprichosa "fabricação" do Legoninjago em questão.

Uma vez apresentada e descrita cada uma das partes do ser arquitetado, finalizaremos o projeto, traçando e descrevendo o itinerário a ser percorrido pela criatura, Legoninjago! O referido percurso se expressa por um bloco longilíneo articulado em três monoblocos que denominei: "Idiossincrasias ou Curiosidades das Sagradas Escrituras.".

Nessa trajetória, o ponto de partida é a própria realidade espiritual e subjetiva do viajante ou brincante e o seu destino final: os umbrais do Seio de Abraão! Objetivo: participar do "Banquete do Cordeiro" e "alvejar aí suas vestes!" (Ap 22,14).

Cada "viandante" é "Arquiteto do seu próprio Mestre"

Entendo que nossa própria vida, além do que é e significa em si mesma, carrega uma interpelação que ultrapassa e transcende os limites físicos e espirituais de si mesmo. Ou seja, cada vida humana, com seu destino e suas realizações, está ordenada a um todo maior. Chamaria a isso de metassemântica, também chamada de metalinguística.

Um excelente exemplo disso encontramos no filme a *Vida é bela*, de Robert Benigni. Durante a Segunda Guerra Mundial na Itália, o judeu Guido (Roberto Benigni) e seu filho Giosué são levados para um campo de concentração nazista. Afastado da mulher, ele tem que usar sua imaginação para fazer o menino acreditar que estão participando de uma grande brincadeira, com o intuito de protegê-lo do terror e da violência que os cercam. Muito bom em charadas, como garçom, ganhara a amizade de um médico italiano que apreciava os desafios das charadas que o jovem conhecia bem. Feito prisioneiro pelos alemães e levado com a esposa e o filho para os campos de concentração, o inventivo garçom acaba esbarrando no amigo médico, amante de charadas. O médico, sendo de ascendência alemã, ganhou função de destaque nas prisões alemãs. Assim, o garçom acabou recebendo do chefe alemão, seu amigo, a incumbência de atuar como garçom num evento festivo dos alemães. O garçom, porém, estava sem comunicação com sua esposa que não sabia em que alojamento estaria. O inventivo garçom arranjou um jeito de colocar na vitrola do evento uma música muito conhecida e estimada pelo casal. Ao ouvir a música, a mulher logo identificou que era seu amado esposo que a colocara. Nesse exato momento, sem que nenhum dos dois tivesse certeza, estabeleceu-se uma comunicação não verbal e transcendente entre os dois. Pelo menos, ela logo tem certeza de que seu esposo encontra-se naquele local do evento.

E, da mesma forma, também podemos dizer que nós, humanos, podemos cultivar essa cumplicidade de amor com o Pai e podemos identificar em determinados sinais, traços de sua fala e comunicação conosco. Esse espaço e lugar de fala é exatamente o que frei Carlos Mesters identifica e chama de Bíblia Primeira. O teólogo biblista reconhece e aponta esse privilegiado lugar de fala de Deus, porque a complacência e a misericórdia de Deus não excluem a ninguém da convocação ao banquete, como vemos, claramente, nessa bela parábola de Cristo em Mateus 22, 1-14 e Lucas 14, 7-24.

Outro interessante exemplo dessa funcionalidade transcendente ou metassemântica.

As sardinhas, pequeníssimas criaturas, têm como predadores naturais os colossais tubarões. Cada sardinha, isoladamente, jamais poderia proteger-se de seu predador. O que fazem? Como uma descarga elétrica coletiva, deflagrada pelo medo comum, instantaneamente se agrupam num bloco monolítico, tão bem articulado e integrado que passam a mover-se como uma só criatura, que, então, apresenta o visual e a forma de uma imensa criatura, com dimensões proporcionais à colossal baleia e, assim, movendo-se, iludem seu predador que não possuindo uma visão acurada, mas apenas um afinadíssimo olfato, acaba concluindo que sua presa é talvez um concorrente equipado para uma luta igual e acaba desistindo, depois de algum sucesso com escassos resultados.

Brinquedoteca do Mestre: fabricando o Legoninjago

Caixa mágica de brinquedos.
Desenho Pedro Miguel, 9 anos.

Por se tratar de um exercício espiritual de discipulado do rabino hebreu, Ieshuá, privilegiamos textos bíblicos que nos situam numa melhor compreensão da cultura hebreia.

E por que, exatamente, cinco? O contexto geral é de que estamos no espaço da cultura hebraica em que seus sábios atribuíam predicados divinos aos números. Cultivavam uma verdadeira ciência dos números. A famosa cabala. O próprio cientista italiano Galileu enxergava nos números o alfabeto do universo!

Assim, por exemplo, o número cinco tem relação com as cinco chagas de Cristo, e também com as cinco peças do vestuário de nosso Senhor, na hora da morte.

Mas será coincidência que o sinal de SOS tenha quinhentos quilociclos e que se refira ao parágrafo cinco do código de acidentes marítimos? E que todo animal era sacrificado num altar do Velho Testamento de cinco por cinco?

Alguns eventos bíblicos envolvendo o número cinco. O primeiro homem falecido de morte natural (e não assassinado como Caim) é citado no verso cinco do capítulo cinco de Gênesis. Esse homem foi o pai da raça humana, o qual, pela sua desobediência a Deus, trouxe a morte para todos os homens. Enquanto isso, o segundo Adão, Cristo, pela sua morte, trouxe a graça a todos os que nele crêem. O homem mortal, condenado a voltar à terra de onde veio, tem cinco dedos em cada mão e cinco artelhos em cada pé.

Como se pode ver, elegemos o ser humano como eixo central de nossos exercícios espirituais. E isso, exatamente, para realçar que, se, por um lado, o sujeito do desígnio amoroso do Reino de Deus é as três pessoas da Santíssima Trindade, o objeto desse propósito amoroso é o ser humano. Pois, o Criador e Patrono Supremo do Jardim do Universo, por livre e espontânea Vontade, instituiu e investiu a criatura humana como zelador e administrador dos "jardins" do planeta terra e/ou, quem sabe, de outras galáxias.

Ementa da encíclica "Laudato Si", segunda encíclica do papa Francisco

O aprendizado da liberdade

Antigamente, quando a escrita era com caneta-tinteiro, havia o mata-borrão que nos permitia eliminar os excessos da escrita. Na escrita também, usava-se o lápis, bem mais que a caneta. Este tinha a vantagem de se apagarem os erros. Minhas experiências de aprendizagem me ensinaram que errar era sempre algo a ser evitado. Pois, de qualquer forma, os erros davam muito trabalho. Fui aprendendo que errar sempre deveria ser evitado.

Assim, em muitos anos de minha vida de professor, fui sempre encarando o erro como obstáculo a ser evitado sempre. Era sempre um grande adversário a ser evitado.

Só muito mais tarde, pude aprender que o erro pode ser meu aliado para ajudar-me a evitá-lo lá mais na frente e, ajudando-me também a fixar melhor o que foi aprendido com tropeços. E, mais do que isso, cada vez que erro, descubro um ponto fraco, uma falha no meu sistema de orientação. Basta examinar a trajetória da aviação. Em todo acidente aéreo há sempre a descoberta de mais um aperfeiçoamento, prevenindo e evitando futuros acidentes, por conta de uma limitação, uma imperfeição no sistema de segurança dos aparelhos e equipamentos.

Já no império romano circulava o pensamento: "Errando discitur!" Errando é que se aprende. E qual o propósito dessa pedagogia de Deus? Bento XVI gostava de chamar a atenção que a humana liberdade é nosso mais sublime predicado. É pela liberdade que nos assemelhamos a Deus.

Assim, se, após um vendaval que tivesse eliminado todos os seres vivos do planeta terra, um extraterrestre desembarcasse na terra, acabasse esbarrando numa caverna com apenas dois sobreviventes e recém-nascidos: um pequeno cão e um bebê humano. O extraterrestre tinha autorização para resgatar apenas uma amostra de um eventual sobrevivente e só o que apresentasse maior grau de perfeição. Ao radiografar as duas pequenas criaturas, o alienígena concluiria que o quatro patas seria o que se apresentava mais bem equipado, com maior aptidão para sobrevivência.

Nesse instante, se nos fosse dado comparecer ao recinto do Altíssimo, enxergaríamos em sua luminosa face um monumental e apocalíptico sorriso de ironia e complacência. O Satã da ciência das aparências se contorceria de ódio ao descobrir que fora ludibriado pela sua presunção. Também minha modesta e limitada experiência humana corrobora essa tese. Nos meus 40 quarenta anos de atividade pedagógica, sempre considerei que meus piores alunos não eram os que menos sabiam, mas, pelo contrário, mas os que não sabiam mas achavam que sabiam!

A sabedoria do Altíssimo disfarçou e escondeu a perfeição humana sob a aparência da imperfeição; a força sob a fraqueza; a fortaleza sob a fragilidade!

Mais uma vez, o modesto e insignificante Davi com uma simples funda abate o portentoso Golias! E não foi exatamente isso que verificamos na trajetória de Maria, mãe de Jesus? "Derrubou os poderosos dos seus tronos e exaltou os humildes." (Lc 1,52).

"Que tipo de mundo queremos deixar a quem vai suceder-nos, às crianças que estão a crescer?" (160). Este interrogativo é o âmago da Laudato si.

Apresenta-se, em primeiro lugar, uma visão geral da encíclica Laudato si' e, em seguida, o objetivo de cada um dos seis capítulos e alguns de seus principais parágrafos. Os números entre parênteses remetem aos parágrafos da encíclica.

"Que tipo de mundo queremos deixar a quem vai suceder-nos, às crianças que estão a crescer?" (160). Este interrogativo é o âmago da Laudato si', a esperada Encíclica do papa Francisco sobre o cuidado da Casa Comum, que prossegue:

Laudato si

O nome da Encíclica foi inspirado na invocação de São Francisco *"Louvado sejas, meu Senhor"*, que no Cântico das Criaturas, recorda que a terra, a nossa casa comum, «*se pode comparar ora a uma irmã, com quem partilhamos a existência, ora a uma boa mãe, que nos acolhe nos seus braços"* (1). Nós mesmos *"somos terra (cf. Gen 2,7). O nosso corpo é constituído pelos elementos do planeta; o seu ar permite-nos respirar e a sua água vivifica-nos e restaura-nos"* (2).

Agora, essa terra maltratada e saqueada, se lamenta, e os seus gemidos se unem aos de todos os abandonados do mundo. O papa Francisco convida a ouvi-los, exortando todos e cada um – indivíduos, famílias, coletividades locais, nações e comunidade internacional – a uma *"conversão ecológica"*, segundo a expressão de São João Paulo II, isto é, a *"mudar de rumo"*, assumindo a beleza e a responsabilidade de um compromisso para o *"cuidado da casa comum".*

Ao mesmo tempo, o papa Francisco reconhece que se nota *"uma crescente sensibilidade relativa ao meio ambiente e ao cuidado da natureza, e cresce uma sincera e sentida preocupação pelo que está a acontecer ao nosso planeta"* (19), legitimando um olhar de esperança, que permeia toda a Encíclica e envia a todos uma mensagem clara e repleta de esperança.

3

Os Sete Sinais de Cristo no Evangelho

Dentro da numerologia da cultura hebraica O 7 é o número sagrado e mágico que rege os mistérios ocultos, as cerimônias religiosas e também a clarividência. Número místico por excelência, o 7 tem sido considerado como um número de poder por quase todos os cultos e tradições.

O número 7 é o da perfeição, tanto é que Deus abençoou o sétimo dia e reservou-o como sagrado, inteiramente dedicado a Ele.

O 7 é o número da plenitude cíclica no hebraico antigo. O número 7 é mencionado 323 vezes na Bíblia. Os 7 últimos flagelos da humanidade. A queda dos muros de Jericó, relatada no livro de Josué, foi realizada com a força do número 7.

Em Apocalipse, por João: "Vi, na mão direita daquele que estava sentado no trono, um livro escrito por dentro e por fora, selado com 7 selos. Quando o último selo for quebrado a história terá chegado ao fim e o Grande Julgamento terá início."

Os 7 machos e as 7 fêmeas eram os animais de cada espécie que Noé deveria colocar em sua arca. O número 7 tem um significado mágico em toda a parte: os japoneses descobriram os sete deuses da felicidade, Roma erguia-se sobre 7 colinas, os antigos enumeravam as 7 maravilhas do mundo, atravessando os 7 mares, boeing 747, Agente 007, 7-UP, a ordem dos elementos químicos; os 7 anões, os 7 ventos; o raio branco decompõe-se em 7 cores; as 7 pragas; as 7 cores do arco-íris, o gato tem 7 vidas; o sétimo céu; as 7 notas musicais; trancado a 7 chaves; bola 7; o homem de 7 instrumentos.

Na China a alma precisa de 7 unidades de tempo para ficar livre do corpo. Na Alemanha, se você quer assar um bom bolo, precisa de 7 ingredientes. Para os egípcios, o 7 é o símbolo da vida eterna. Não há múltiplos nem divisores. É, por isso, puro e essencial.

Segundo a tradição japonesa e tibetana, 7 dias dura o estado intermediário entre a vida e a morte. Para Hipócrates, o 7 dá vida e movimento. Para os hindus, há 7 centros sutis ou 7 chacras. No Alcorão, fala-se em 7 sentidos esotéricos. Os quatro períodos do ciclo lunar são de 7 dias. Na liturgia tradicional da Igreja católica, após a morte individual é indispensável à celebração da missa de sétimo dia, que, na interpretação do padre Quevedo, representaria o momento final e culminante da metamorfose humana, dia e hora da ressurreição do indivíduo.

O 7 une o número do espírito, 3 com o número da matéria, o 4. Portanto, ele integra os dois mundos e é considerado símbolo da totalidade do Universo em transformação. Na Grécia antiga havia 7 sábios. Na tradição sânscrita, há freqüentes referências ao número 7. As tabuletas assírias estão cheias de grupos de 7: 7 deuses do céu; 7 deuses da terra. Para os caldeus, o número 7 era considerado sagrado. Naamã recebeu de Eliseu a ordem para mergulhar 7 vezes no Jordão para curar-se de lepra.

O Mitra persa, um Deus Sol, tinha o número 7 consagrado a si. Platão, em seu Timeu, ensina que do número 7 foi gerada a Alma do Mundo: Anima Mundana.

O 7 também representa o triunfo do espírito sobre a matéria. 7 são os anjos diante do trono de Deus (Gabriel, Miguel, Haniel, Rafael, Camael, Zadquiel, Zafiel).

Uma primeira coisa a indagar: por que SINAIS? A palavra *milagre* não está no Evangelho, porque significa algo para mirar; daí tiramos a lição de que aquilo que é chamado milagre não é só para mirar porque é bonito e impressionante. Os Evangelhos usam o termo *dinamus*, que significa força, poder. As obras de Jesus são chamadas de obras de poder. Mas, *que poder?* Significa que pode fazer alguma coisa, não significa opressão. Poder é uma coisa boa, se não houver abuso. A palavra poder é alternada com a palavra *autoridade*, que pode ser exercida com amor e compaixão. A autoridade deveria ser entendida como autorização, autoridade delegada. *Jesus fala com a permissão do Pai.* É a combinação do poder de Jesus com a autorização do Pai. Jesus executa o poder do Pai.

O termo sinais remete a um significado. Devemos ver, nas obras notórias de Jesus, o sinal de algo mais; não ficar só olhando as curas, mas sim, o sinal do Reino de Deus que está começando: é um sinal de Deus, não é sinal de Jesus. As pragas do Egito (Ex 4, 2-9) são sinais para que Moisés possa falar ao Faraó com a autorização de Deus, são os sinais com os quais Deus autorizou Moisés a falar. Um sinal é algo com que Deus autoriza o profeta a falar para mostrar que Deus está com ele, com o seu profeta. Em Jo 3,2 Nicodemos diz: "ninguém é capaz de fazer os sinais que fazes, se Deus não estiver com ele". Nem todo mundo entende o sinal como uma missiva. Jesus mesmo desconfia de quem só acredita Nele por causa dos sinais. O primeiro significado de sinal em João é Deus está com ele.

Todos os sinais em João anunciam a hora em que se manifesta o tempo novo, a vida nova, o plano de Deus que se cumpre. Significa que o tempo definitivo já começou, a realidade decisiva, definitiva, já está aí, é a escatologia. Para sorver o Evangelho e as Cartas de João, temos de pensar que o tempo de Deus já começou na cruz de Cristo, onde Jesus revelou o Amor do Pai, amando-nos até o fim. Nós vivemos na presença da última realidade, por isso, crer em Jesus já é ter a vida eterna. Todos os sinais de Jesus significam que o tempo novo já se instalou.

Deus criou o ser humano livre, deu-lhe a liberdade de não enxergar. Há uma crítica de Jesus àqueles que enxergam alguma coisa, mas não têm coragem de dizer, de anunciar. Quem vê Jesus com os olhos do Pai vê Deus. Jesus não quer condenar, a sua Palavra nos coloca diante de uma opção. Diante dos sinais que confirmam a Palavra de Deus, nós temos que fazer a nossa opção.

Vivemos no provisório, por isso, cada dia precisa ser um reencontro com o Evangelho, porque cada dia é um dia novo e nossa opção por Jesus é cada dia nova. Nós nunca somos eméritos e sempre devemos estar alerta à novidade de Jesus que se torna presente em nossa vida.

O amor de Deus está na fidelidade de Jesus. Jesus poderia ter fugido, e tudo que Ele anunciou estaria perdido. O amor de Jesus traduz-se na fidelidade, que é a continuidade do amor assumido até o fim, que é o rosto humano de Deus e o rosto divino do homem Jesus. O que Jesus é, nós somos no mundo.

A contemplação dos sinais de Jesus é um apelo para que sigamos os seus passos, transformando os eventos do caminho em ocasiões para a glória de Deus manifestar-se. O amor de Deus não é só o amor por nós, é o amor com que Deus ama o mundo em nós. Amar o mundo é fazer o mundo perceber essa manifestação de Deus.

O Mestre eclode nas Bodas de Caná da Galiléia. Primeiro sinal: (Jo 2,1-12)

Quando lemos o episódio da festa de Caná da Galileia, ficamos logo intrigados com dois aspectos. O primeiro pelo fato de esse episódio só aparecer nesse evangelista. O segundo aspecto é o titulo escolhido pelo hagiógrafo. Ao ler o texto, vemos logo que se trata de uma narrativa histórica. Mas se é uma crônica, porque o evangelista a classifica como um sinal. E exatamente o primeiro dos sete sinais organizados e apresentados pelo discípulo amado. E sendo o primeiro da lista de sete, possivelmente seja também o mais importante e significativo de todos eles. Tanto mais que sabemos que esse evangelista é o único dos quatro que em vez de chamar os prodígios realizados por Jesus de milagres como os classificam os sinópticos, prefere chama-los de sinais.

Quando falamos de sinais, sabemos que se trata de uma situação que deve ser tomada não em si mesma, mas enquanto aponta para algo fora de seu próprio âmbito e significado. Assim, pois, quando enxergamos uma fumaça, sabemos que por traz e além da fumaça há algo mais importante que nos deve prender a atenção. Uma fumaça, em si, não representa nenhum perigo nenhuma ameaça. Mas o fogo sim nos deve preocupar. Assim quando avistamos a fumaça não damos muita atenção para a fumaça e sim para o fogo. Com isto, o apóstolo amado de Cristo nos passa uma informação muito importante e um ensinamento mais significativo ainda. E o que ele nos quer dizer e ensinar? Ele pretende ensinar-nos e nos alertar que, diante de um prodígio, por mais maravilhoso que seja, realizado por Cristo, não devemos prender a atenção e ficarmos admirados, encantados com o prodígio e sim com o que o Mestre está nos alertando com o prodígio que realizou.

Assim, como um pedagogo iluminado, o apóstolo João quer que enxerguemos por trás das núpcias de Canah da Galiléia, as núpcias do Nazareno com seus discípulos e seguidores. E isso nos remete ao destino final que o Pai celestial nos reservou. Podemos dar diversos nomes a esse destino final. Para o senso comum esse destino se chamaria Céu, Paraíso celestial. Em linguagem mais erudita esse destino se chamaria como o denominou o Salmista e Santo Agostinho ecoou: repouso em Ti. Principalmente quando a vida humana é vista como luta ou batalha pela vida. Assim pensaram Robert Malthus, Benjamin Franklin ou Charles Darwin.

Nessa perspectiva, a própria liturgia tradicional da igreja, nas celebrações de exéquias, sintetiza esse destino final com a jaculatória: "Descanso eterno, dai-lhes, Senho, e a luz perpétua os ilumine. Descanse em paz, amém!"

Mas podemos também traduzir esse destino final, com uma simples palavra: amor. Na cultura hebréia, essa síntese final de nossas aspirações é traduzida pela palavra "shalom".

Shalom é uma palavra hebraica que significa paz, harmonia, integridade, da prosperidade, bem-estar e tranquilidade e pode ser usado idiomaticamente para significar tanto Olá e adeus.

Assim, quando o evangelista São João identifica como a palavra chave de sua missão na terra, convocar a todas as criaturas para essa consumação plena numa celebração plena de prazer e alegria é realização plena de todos os nossos sonhos e ânsias de gozo e prazer. A metáfora de uma festa de casamento é, portanto, a alegoria mais perfeita de realização do ser humano.

Também o profeta Oséias apresenta Javé como o esposo ciumento da sua esposa infiel, o povo hebreu. A imagem de Deus como o verdadeiro esposo de seu povo é uma constante em toda a tradição veterotestamentaria. A tal ponto que toda a grande tradição da cultura hebreia chama de "prostituição" a tendência periódica de o povo cultuar e adorar outros deuses. E essa "prostituição" é um dos mais graves pecados denunciados por todos os profetas de israel. Jesus assume e retoma essa mesma mensagem e deixa sempre muito claro que ele vê-se como um esposo. A tal ponto que ao justificar porque os discípulos de João jejuam e os de Jesus não Jesus esclarece:

"Podem, porventura, os filhos das bodas jejuar enquanto está com eles o esposo?"(Mt 9,15)

Enquanto têm consigo o esposo, não podem jejuar; Mas dias virão em que lhes será tirado o esposo, e então jejuarão naqueles dias.

Alegoria do casamento: O Mestre e seu discípulo

A figura do casamento é usada frequentemente nas Escrituras para representar a relação entre Deus e seu povo. Na Primeira Alianca se diz: Deus é o teu "Marido". E o povo de Israel é a "Esposa" (Isaías 54,5). Este tratamento foi usado até mesmo quando Deus disse que no futuro iria firmar uma aliança com a casa de Israel, a expressão de amizade usada foi a mesma. Conforme registrou o profeta Jeremias 31.32, isto é uma comparação em forma de alegoria. E, nessa linguagem figurada, o profeta Ezequiel descreve o casamento de Israel com Deus. O profeta diz: passando eu por junto de ti, e eis que o teu tempo era de amor; estendi sobre ti as abas do meu manto e cobri a tua nudez; dei-te juramento e entrei em aliança contigo, diz o Senhor Deus; e passaste a ser minha. Então, te lavei com água, e te enxuguei do teu sangue, e te ungi com óleo. Também te vestir de roupas bordadas, e te calcei com couro da melhor qualidade, e te cingi de linho fino e te cobri de seda. Também de adornei com enfeites e te pus braceletes nas mãos e colar à roda do teu pescoço.

E te pus uma jóia na tua testa, e brincos em tuas orelhas, e uma coroa de gloria na tua cabeça. Desse modo foste enfeitada com ouro e prata; e o teu vestido era de linho fino e seda, e bordados; tu te nutriste com farinha, mel, e azeite; e foste extremamente formosa, e foste prospera, ate que chegaste à realeza.

E a tua fama e renome correram entre os gentios, devido à tua beleza, porque eras perfeita, por causa da Minha Glória, que eu pusera em te, diz o Senhor Deus (Ezequie l16, 8-14).

No *Novo Testamento* não é diferente, Cristo representa o "NOIVO" e a comunidade dos discípulos com a "NOIVA". Ao compreender a riqueza dessa alegoria, daremos mais importância à obediência no dia-a-dia de nossas vidas. Paulo recomenda: Maridos, amai vossa mulher, como Cristo amou a Igreja e a si mesmo entregou-se por ela, para que a santificasse, tendo-a purificado por meio da lavagem de água pela palavra, para apresentar a si mesmo Igreja gloriosa, sem mácula, nem ruga, nem coisa semelhante, porém santa e sem defeito. Grande é esse mistério, mas eu me refiro a Cristo e à igreja. (Efésios 5, 32)

Na casa do Mestre, o amor não tem fronteiras – Segundo Sinal: A cura do filho do funcionário real. (Jo 4,46-54).

O que lemos nas "Sagradas Escrituras"

Segunda vez foi Jesus a Caná da Galiléia, onde da água fizera vinho. E havia ali um nobre, cujo filho estava enfermo em Cafarnaum. Ouvindo este que Jesus vinha da Judéia para a Galiléia, foi ter com ele, e rogou-lhe que descesse, e curasse o seu filho, porque já estava à morte. Então Jesus lhe disse: Se não virdes sinais e milagres, não crereis. Disse-lhe o nobre: Senhor, desce, antes que meu filho morra. Disse-lhe Jesus: Vai, o teu filho vive. E o homem creu na palavra que Jesus lhe disse, e partiu. E descendo ele logo, saíram-lhe ao encontro os seus servos, e lhe anunciaram, dizendo: O teu filho vive. Perguntou-lhes, pois, a que hora se achara melhor. E disseram-lhe: Ontem às sete horas a febre o deixou. Entendeu, pois, o pai que era aquela hora a mesma em que Jesus lhe disse: O teu filho vive; e creu ele, e toda a sua casa. Jesus fez este segundo milagre, quando ia da Judéia para a Galiléia. (Jo 2, 1-11)

Discípulo feliz ao encalço do mestre.
Desenho de Giulia

Soletrando as Sagradas Escrituras

Partindo do pressuposto de que o evangelho de João apresenta uma metodologia, um plano de construção com objetivos didático-pedagógico bem claros, devemos concluir que foi intencional relatar como segundo sinal esse episódio beneficiando exatamente o filho de um pagão. E como estamos no contexto dos sinais, devemos concluir que, por traz de um episódio prodigioso, devemos reconhecer e identificar uma mensagem, um recado, um ensinamento na intenção do emissor do sinal. E qual o recado, o ensinamento, o Mestre está endereçando a nós?

Ei-lo. A primeira criatura humana beneficiada pelo Filho de DEUS feito homem é um hebreu que poderíamos chamar de cidadão de segunda categoria, ou para usar a nomenclatura proposta pelo papa Francisco, um ser humano das periferias existenciais. E, logo depois desse, vem outra criatura posicionada numa periferia ainda mais distante. Bem distante mesmo. Porque, além de não ser hebreu, era um gentio, um ser humano situado na categoria dos opressores do povo hebreu, já que era um romano, empregado de um romano que, embora amigo do povo hebreu, como é identificado no evangelho, de qualquer forma, estava enquadrado na categoria dos opressores. Se pudéssemos elencar argumentos em defesa desse prodígio endereçado ao filho de um romano, encontraríamos uma condição, qualidade básica favorável: era um ser humano de atitudes humanas!

Assim, na perspectiva do evangelista João, o Reino de Deus que Jesus veio apresentar e defender tem como suas duas primeiras qualidades, ou pré-requisitos: primeiro, é uma aliança do Amor generoso e benevolente do Pai celestial; segundo essa aliança, é oferecida a todos, sem exceção. No convite do Reino não há excluídos. Pelo exercício do livre arbítrio, poderão ocorrer recusas. Mas ninguém está excluído do convite ao Banquete do Reino de Deus!

Ou seja, a generosa oferta da misericórdia divina é feita a todos, sem exceção. De alguma forma, é exatamente isso que o evangelista catequista Mateus, empenhado em fortalecer a fé dos cristãos de origem judaica, trata de esclarecer dentro do espirito ecumênico que Jesus veio apresentar e revelar aos hebreus.

Essa abrangência universal da benevolência e misericórdia divinas tem uma relevância muito especial para os hebreus que buscavam estar na obediência aos preceitos divinos. O zelo dos servidores do Templo, no intuito de assegurar o fiel cumprimento do decálogo de Moisés, aos poucos, foi acrescentando inúmeras normas e preceitos. Muitas dessas obrigações dependiam de dinheiro que muitos pobres não tinham. Assim, o que pretendia garantir intimidade e comunhão com Deus, acabou produzindo efeito contrário. Distanciar em vez de aproximar; oprimir em vez de libertar.

Perscrutando as Sagradas Escrituras

Como bem registra The Living Bible, na criação do Universo, tudo parte de uma "massa caótica" passando pelo turbilhão da energia criadora que se irradia das poderosas "asas" do Espirito chocando a vida nas entranhas do abismo! –"E a luz resplandece sobre as trevas mas as trevas não a compreenderam!"

(Jo 1,5)

Nesse contexto, é inevitável lembrar-nos da constatação do apóstolo Paulo: – "Sabemos que até hoje toda a criação geme e padece, como em dores de parto. E não somente ela, mas igualmente nós, que temos os primeiros frutos do Espírito, também gememos em nosso íntimo, esperando com ansiosa expectativa, por nossa adoção como filhos, a redenção do nosso corpo".

Na esteira dessa sentença está a conclusão inevitável: "A criação é um gesto continuado que se renova todos os dias, "na esperança de que também a própria natureza criada será libertada do cativeiro da degeneração em que se encontra, recebendo a gloriosa liberdade outorgada aos filhos de Deus." (Rm 8,22).

Quando investigamos os mistérios das Sagradas Escrituras e elegemos os quatro evangelhos em busca dos temas mais instigantes e intrigantes, destaca-se logo e sobrepõe-se aos demais o chamado evangelho de João. É o mais provocante de todos.

Depois de uma breve investigação microscópica de sua mensagem, logo percebemos nele uma espécie de ideia fixa. Todos os seus textos encaixam-se numa chave de leitura bipolar, antinômica de antítese: Luz X trevas; o mundo e os seus; o pecado e a graça; Deus e o homem.

A sabedoria das cortes antigas acabou criando uma das figuras mais exóticas e mais provocante: o chamado bobo da corte. Essas figuras estranhas carregavam uma das missões mais importantes, preservar o caminho da saúde mental, o caminho da verdade e do acerto!E qual era sua missão "secreta?" Exatamente aquilo que o famoso fabulista grego Esopo definia: "Ridendo castigat mores!" (Rindo castiga os costumes). Nas cortes, todos bajulam buscando um lugar ao sol! Assim, os sábios da corte encontraram o caminho do riso e da ironia para, embora indireta e discretamente, apontar os pontos falhos da corte e do Rei. Muitas vezes, o Rei está nu e ninguém se dá conta!

Assim, pode-se compreender o grande segredo do estrondoso sucesso que alcançaram os programas do grande comunicador Everardo Barbosa. Um dos seus bordões preferidos: "Não vim para explicar mas para confundir!".

O Reino de Deus é a vitalidade plena e perene: Cura do paralítico. Terceiro sinal. (Jo 5,1-30)

"Havia à porta das ovelhas, um tanque, chamado em hebreu Betesda, o qual tem cinco alpendres. Nestes, jazia grande multidão de enfermos, cegos, mancos esperando o movimento da água. Porquanto um anjo descia em certo tempo ao tanque, e agitava a água; e o primeiro que ali descia, depois do movimento da água, sarava de qualquer enfermidade que tivesse. E estava ali um homem que, havia trinta e oito anos, se achava enfermo. E Jesus, vendo esse deitado, e sabendo que estava nesse estado havia muito tempo, disse-lhe: Queres ficar são? O enfermo respondeu-lhe: Senhor, não tenho homem algum que, quando a água é agitada, me ponha no tanque; mas, enquanto eu vou, desce outro antes de mim. Jesus disse-lhe: Levanta-te, toma o teu leito, e anda. Logo aquele homem ficou são; e tomou o seu leito, e andava. E aquele dia era sábado. Então os judeus disseram àquele que tinha sido curado: É sábado, não te é lícito levar o leito.

Ele respondeu-lhes: Aquele que me curou, ele próprio disse: Toma o teu leito, e anda. Perguntaram-lhe, pois: Quem é o homem que te disse: Toma o teu leito, e anda? E o que fora curado não sabia quem era; porque Jesus se havia retirado, em razão de naquele lugar haver grande multidão. Depois Jesus encontrou-o no templo, e disse-lhe: Eis que já estás são; não peques mais, para que não te suceda alguma coisa pior.

E aquele homem foi, e anunciou aos judeus que Jesus era o que o curara. E por esta causa os judeus perseguiram a Jesus, e procuravam matá-lo, porque fazia estas coisas no sábado. E Jesus lhes respondeu: Meu Pai trabalha até agora, e eu trabalho também. Por isso, pois, os judeus ainda mais procuravam matá-lo, porque não só quebrantava o sábado, mas também dizia que Deus era seu próprio Pai, fazendo-se igual a Deus.

Mas Jesus respondeu, e disse-lhes: Na verdade, na verdade vos digo que o Filho por si mesmo não pode fazer coisa alguma, se o não vir fazer o Pai; porque tudo quanto ele faz, o Filho o faz igualmente.

Porque o Pai ama o Filho, e mostra-lhe tudo o que faz; e ele lhe mostrará maiores obras do que estas, para que vos maravilheis. Pois, assim como o Pai ressuscita os mortos, e os vivifica, assim também o Filho vivifica aquele que quer. E também o Pai a ninguém julga, mas deu ao Filho todo o juízo;

Para que todos honrem o Filho, como honram o Pai. Quem não honra o Filho, não honra o Pai que o enviou.

Na verdade, na verdade vos digo que quem ouve a minha palavra, e crê naquele que me enviou, tem a vida eterna, e não entrará em condenação, mas passou da morte para a vida.

Em verdade, em verdade vos digo que vem a hora, e agora é, em que os mortos ouvirão a voz do Filho de Deus, e os que a ouvirem viverão. Porque, como o Pai tem a vida em si mesmo, assim deu também ao Filho ter a vida em si mesmo; E deu-lhe o poder de exercer o juízo, porque é o Filho do homem.

Não vos maravilheis disto; porque vem a hora em que todos os que estão nos sepulcros ouvirão a sua voz.

E os que fizeram o bem sairão para a ressurreição da vida; e os que fizeram o mal para a ressurreição da condenação.

Eu não posso de mim mesmo fazer coisa alguma. Como ouço, assim julgo; e o meu juízo é justo, porque não busco a minha vontade, mas a vontade do Pai que me enviou."

Soletrando as Sagradas Escrituras...

O discípulo segue os passos do Mestre.
Versão em Lego de Pedro Miguel.

Esse belo e pungente relato do evangelista João apresenta-nos aqui, como terceiro Sinal do Reino de Deus, uma poderosa metáfora e alegoria do que hoje a catequese cristã chama de "Sacramentos da iniciação cristã".

Não é preciso muita imaginação para encontrar e identificar todos os elementos envolvidos na dramaturgia dos três sacramentos de iniciação cristã, a saber; batismo, Crisma e eucaristia. Vejamos. Quem é o protagonista beneficiário da ação prodigiosa de Jesus? É um paralítico que jaz à beira da piscina há trinta e oito anos. Ou seja, por quase toda a sua existência humana, se consideramos a faixa de quatro décadas como o teto comum de duração de vida do ser humano, no tempo de Jesus.

A piscina chamava-se Betesda, que significa casa da graça. Numa antiga música que se entoava no dia do batismo ou da renovação das promessas do batismo cantava-se assim:

> *Prometi na piscina sagrada a Jesus sempre e sempre adorar, Pais cristãos em meu nome falaram: hoje os votos eu vim confirmar... Fiel e sincero, eu mesmo quero, a Jesus prometer meu amor, a Jesus prometer meu amor..Creio, pois, na divina trindade, Pai e Filho e infalível amor.. no mistério do verbo encarnado, na paixão de Jesus redentor..A Jesus servir quero constante, sua lei em meu peito gravar.. combatendo, lutando e vencendo, a Igreja, fiel sempre amar.*

Curiosamente, o acesso a essa Piscina, batistério, bem à entrada do templo, nos recorda dois predicados básicos do batismo. Primeiro, o batismo é o primeiro dos sacramentos e a porta de acesso à vida da comunidade. Assim o batismo era sempre feito na entrada da Igreja. Sendo esse sacramento como a porta de ingressar na comunidade dos discípulos de Cristo. Simbolizando isso, ele era administrado já na porta de entrada na Igreja. Essa prática permaneceu por muito tempo. O sacramento do batismo era ministrado na torre de entrada na Igreja. Tanto que, em algumas igrejas de tradição europeia, essa torre, onde ficava também o sino, era separada do corpo da Igreja. Em Curitiba, temos algumas Igrejas de origem italiana que têm sua torre do sino à parte do corpo da Igreja. Era aí que se ministrava o batismo.

Notemos, ainda, que a virtude curativa atribuída à piscina era resultante da ação de um anjo que periodicamente agitava aquelas águas. Só recebiam o beneficio da cura os que primeiro a tocassem. O evangelista observa que o paralítico curado por Jesus jazia ali há 38 anos, isso é a duração média da vida de uma pessoa pobre daquela época.

Inicialmente, quando foi questionado pelos fariseus, o paralítico nem mesmo sabia quem o curara. Só mais adiante, possivelmente uma ou mais semanas depois, noutro sábado é que veio a conhecer Jesus. Pelo diálogo apresentado e por toda a longa catequese sobre a trindade, desenvolvida no evangelho podemos reconhecer e deduzir que o homem soube quem de fato era Jesus e foi confirmado em sua condição de cura. Nessa oportunidade vemos que Jesus o Confirma na sua condição e o adverte: "Eis que já estás são; não peques mais, para que não te suceda alguma coisa pior"(Jo 8, 1-11).

Eis aí, então, o segundo sacramento de iniciação cristã: Crisma ou Confirmação. No relato do evangelho de São João, não temos elementos explícitos da eucaristia ou comunhão. Mas, se repararmos no longo discurso teológico do texto, podemos supor que o neófito não estava familiarizado com os elementos fundamentais do credo apostólico. A catequese aí desenvolvida aponta para a comunhão tributária. Ao compartilhar de uma mesma fé e de uma mesma doutrina temos aqui o pré-requisito básico da verdadeira comunhão eucarística. E, se aqui temos uma solene proclamação da verdadeira comunhão de vida que Jesus veio implantar, por que não teríamos aqui também a verdadeira eucaristia?! O verdadeiro reino de Deus ocorre quando a vida divina circula livre e plenamente. O Reino de Deus é o reino da vida trinitária.

O Prodígio da partilha dos pães é uma metáfora da casa do Mestre. Quarto sinal:

O que lemos nas Sagradas Escrituras...

Depois disto partiu Jesus para o outro lado do mar da Galiléia, que é o de Tiberíades. E grande multidão o seguia, porque via os sinais que operava sobre os enfermos. E Jesus subiu ao monte, e assentou-se ali com os seus discípulos. E a páscoa, a festa dos judeus, estava próxima. Então Jesus, levantando os olhos, e vendo que uma grande multidão vinha ter com ele, disse a Filipe: onde compraremos pão para esses comerem? Mas dizia isso para experimentá-lo; porque ele bem sabia o que havia de fazer. Filipe respondeu-lhe: Duzentos dinheiros de pão não lhes bastarão, para que cada um deles tome um pouco. E um dos seus discípulos, André, irmão de Simão Pedro, disse-lhe: Está aqui um rapaz que tem cinco pães de cevada e dois peixinhos; mas que é isto para tantos? E disse Jesus: Mandai assentar os homens. E havia muita relva naquele lugar. Assentaram-se, pois, os homens em número de quase cinco mil. E Jesus tomou os pães e, havendo dado graças, repartiu-os pelos discípulos, e os discípulos pelos que estavam assentados; e igualmente também dos peixes, quanto eles queriam. E, quando estavam saciados, disse aos seus discípulos: Recolhei os pedaços que sobejaram, para que nada se perca. Recolheram-nos, pois, e encheram 12 cestos de pedaços dos cinco pães de cevada, que sobraram aos que haviam comido. Vendo, pois, aqueles homens o milagre que Jesus tinha feito, diziam: Este é verdadeiramente o profeta que devia vir ao mundo.

Sabendo, pois, Jesus que haviam de vir arrebatá-lo, para o fazerem rei, tornou a retirar-se, ele só, para o monte. (Jo 6, 1-15)

Soletrando as sagradas escrituras

O sinal apontado por Cristo nesse episódio da multiplicação dos pães é o da solidariedade. Principalmente no mundo pós-modernista a atitude solidária é um verdadeiro milagre social. Todos os dias, nos meios sociais de comunicação ouvimos milhares de atrocidades movidas pelo cruel individualismo.

E, nesse evento, quando João aponta a solidariedade como um sinal, está nos ensinando que esse gesto é bem maior que sua singela aparência. Por trás e além da solidariedade é a própria gloria de Deus que se manifesta. Basta olharmos para o mistério da Santíssima Trindade para percebermos que Deus nos ensina que a glória e a majestade de Deus são integralmente constituídas de solidariedade. A vida que se bastasse a si mesma seria inativa, estagnada e morte. Deus, em sua Glória e Majestade, é, essencialmente, movimento, atividade. Talvez foi por isso que Jesus disse: "Eu e o Pai, operamos sem cessar!!" (João 5, 1-41). E aqui, poderíamos vislumbrar, inclusive, uma terceira dimensão nesse sinal. Se, na segunda dimensão do sinal reconhecemos a misericórdia do Pai, que opera sem cessar e que acode a paralisia dos que vão se postar na orla da piscina de Betezda, porta da misericórdia, na terceira dimensão encontraríamos uma luminosa indicação, reveladora da própria natureza de Deus, o que a teologia escolástica chama de essência divina é a natureza interna e própria de Deus.

Nesse sentido, poderíamos invocar a bela e sintética definição que santo Tomas apresenta para Deus como primeira via probatória da existência de Deus. O primeiro motor, aquele que move, garantindo vida e atividade. Essa compreensão do mundo carrega em suas entranhas uma grande verdade revelada e defendida por Cristo: a solidariedade. Isto é, nada pode subsistir sem estar em permanente conexão com um núcleo, uma fonte geradora de vida e atividade.

Essa leitura ganha um relevo todo especial numa sociedade dominado pelo egoísmo, individualismo.

Então, Jesus, retomando a fala de seu Pai, lá na sarça ardente denuncia abertamente (Ex 3,7):

> Na cadeira de Moisés estão assentados os escribas e fariseus. ³ Todas as coisas, pois, que vos disserem que observeis, observai-as e fazei-as; mas não procedais em conformidade com as suas obras, porque dizem e não fazem; ⁴ Pois atam fardos pesados e difíceis de suportar, e os põem aos ombros dos homens; eles, porém, nem com seu dedo querem movê-los; ⁵ E fazem todas as obras a fim de serem vistos pelos homens; pois trazem largos filactérios, e alargam as franjas das suas vestes,⁶ E amam os primeiros lugares nas ceias e as primeiras cadeiras nas sinagogas,⁷ E as saudações nas praças, e o serem chamados pelos homens; Rabi, Rabi.⁸ Vós, porém, não queirais ser chamados Rabi, porque um só é o vosso Mestre, a saber, o Cristo, e todos vós sois irmãos. ⁹ E a ninguém na terra chameis vosso pai, porque um só é o vosso Pai, o qual está nos céus. ¹⁰ Nem vos chameis mestres, porque um só é o vosso Mestre, que é o Cristo.¹¹ O maior dentre vós será vosso servo. ¹² E o que a si mesmo se exaltar será humilhado; e o que a si mesmo se humilhar será exaltado.
>
> ¹³ Mas ai de vós, escribas e fariseus, hipócritas! pois que fechais aos homens o reino dos céus (Mt 23, 2-37).
>
> ²³ Ai de vós, escribas e fariseus, hipócritas! pois que dizimais a hortelã, o endro e o cominho, e desprezais o mais importante da lei, o juízo, a misericórdia e a fé.[...] ³³ Serpentes, raça de víboras! como escapareis da condenação do inferno? ³⁴ Portanto, eis que eu vos envio profetas, sábios e escribas; a uns deles matareis e crucificareis; e a outros deles

> açoitareis nas vossas sinagogas e os perseguireis de cidade em cidade.'" [...] ³⁷ Jerusalém, Jerusalém, que matas os profetas, e apedrejas os que te são enviados! quantas vezes quis eu ajuntar os teus filhos, como a galinha ajunta os seus pintos debaixo das asas, e tu não quiseste!

Com sua imensa sensibilidade humana e divina, Jesus viu que, sem perceber, o povo de Deus tinha instituído um sistema de opressão e dominação religiosa em que os pobres eram explorados e oprimidos de mil formas. Com o correr do tempo, o decálogo foi produzindo ramificações tão vastas e complexas que se transformaram num duro jugo de escravidão. Jesus veio para corrigir essas deformações e resgatar a liberdade verdadeira que era o objetivo primeiro do decálogo. Jesus sintetizou as seiscentas e treze leis do velho Código mosaico defendido pelos zelosos fariseus em apenas um mandamento: amor. Aqui está o núcleo central do evangelho proclamado por Jesus.

Buscai, em primeiro lugar, o "Reino de Deus" e sua verdade e ela vos libertará

Do meu ponto de vista, o nome primitivo de "Caminho" para os seguidores de Jesus seria bem mais eloquente por já indicar o eixo central da proposta e projeto final do Nazareno. Há um ditado popular que diz: a mentira tem pernas curtas. Dita uma mentira, outras muitas logo virão para tentar salvar a aparência. Quem está dentro da verdade permanece livre porque não terá que buscar nenhum atalho. Assim, quem diz a verdade está dentro da liberdade.

Exatamente por isso Cristo apresenta-se como Caminho, verdade e vida. Por isso também disse Cristo: "Se alguém me amar, guardará a minha palavra; e meu Pai o amará, e viremos a ele, e faremos nele morada." (João 14,23).

Tanto que a eucaristia que é destinada aos doentes tem o nome de "Viático". Viático vem de via, caminho, caminhante. O "Viático", como eucaristia, é o alimento necessário para fortalecer e garantir que o caminhante prossiga na caminhada. Mas no "Milagre" da partilha dos pães ou "Sinal, esse alimento não cai do céu, mas nasce do gesto de partilha e solidariedade. E notamos que os beneficiados pelo prodígio estavam integrados num coletivo. Havia uma multidão. Uma comunidade solidária. Nunca para um individuo solitário. Deus e o nosso bom Pai privilegia sempre o coletivo, a comunidade. E uma comunidade que saiu de seu lugar ou zona de conforto e acomodação e, atraída e movida por um ideal deslocou-se para o desconforto do lugar ermo, deserto.

Reparando bem nesse "Sinal" descrito no evangelho de João, observamos várias condições ou circunstâncias que permitiram e provocaram o prodígio da intervenção de Jesus de Nazaré. Primeiro, eles saíram de suas casas, de suas residências, de sua acomodação e foram atrás de um espaço religioso saturado do divino e de santidade. Segunda circunstância: eles tiveram uma atitude de solidariedade e partilha. Entraram com cinco pães e dois peixes; terceiro, eles não estavam isolados, sozinhos ou solitários. Estavam juntos a uma multidão. O evangelista Mateus observa que os que se alimentaram eram cerca de cinco mil homens, sem contar mulheres e crianças!

Jesus é o Caminho e o "Shalom" de Deus

Eram cinco pães e dois peixes. O total sete simboliza na cultura bíblica a plenitude, a perfeição. Deus criou o mundo em seis dias e, no sétimo, repousou. O repouso importa na aquietação do criador, como estado de gozo, exultação, contentamento. Aí temos o que a tradição bíblica chama de "Shalom". O Shalom de Deus compreende e envolve plenitude de todos os bens necessários ao ser humano. Bens matérias e espirituais. No estado de shalom, o ser humano atinge aquela plenitude humana e espiritual projetada e planejada para cada um de nós.

Lemos no texto sagrado: "Deus viu que tudo que tinha feito era verdadeiramente muito belo." (Gn 1,31).

Se repararmos bem, notamos que Jesus revela-se sempre no caminho. Por diversos motivos. Todas as grandes revelações de Deus ocorrem numa caminhada, numa travessia. De Abraão, a Moises, Jacó e os diversos profetas, como Elias, Jonas etc. Mateus informa-nos que esse milagre da multiplicação dos pães deu-se num deserto. Jesus como que atraiu o povo a tomar o caminho do deserto. E é lá que ele revela a grande lição, o grande milagre que sempre acontece quando a solidariedade é posta em ação. O pouco partilhado se tornou muito e suficiente para alimentar multidões.

A primeira e mais impactante revelação de Jesus faz-se aos discípulos que se dispuseram no caminho de Emaús. Na vida real do quotidiano, vemos que é impossível as pessoas conhecerem-se se não caminharem juntas.

Jesus se revela e se manifesta aos que estão no caminho e caminhando

Jesus caminha conosco.
Desenho Giulia, aos 4 anos

Em sua sabedoria, já ponderava Guimarães Rosa, em seu *Grande Sertão, Veredas*: "O real não está na saída nem na chegada: ele se dispõe para a gente é no meio da travessia". Não é à toa que o primeiro nome que os seguidores de Jesus de Nazaré receberam era "os seguidores do caminho", tanto que vemos em Atos dos apóstolos, capítulo 22, Paulo recebeu cartas das autoridades de Jerusalém para que Saulo de Antioquia, dirigindo-se a Damasco, aprisionasse os seguidores do Caminho! Pois, na verdade, o judeu Ieshoua propunha-se a apontar um caminho novo de cultivar a comunhão com o Pai.

Em linguagem moderna, nós, cristãos, podemos muito bem ser definidos como uma seita judaica do caminho que tem a peculiaridade de ser uma revisão da antiga lei mosaica, um caminho novo, não uma nova religião! O específico dessa nova versão é o caminho novo da perfeita liberdade no verdadeiro amor que tudo pode. Assim, com razão, dizia santo Agostinho: "Ama e faz o que quiseres. Se calares, calarás com amor; se gritares, gritarás com amor; se perdoares perdoarás com amor enraizado em ti, nenhuma coisa senão o amor serão os teus frutos."(Confissões de Santo Agostinho)

Jesus defende, com unhas e dentes que o Pai não quer nem busca escravos, amargurados sob o jugo de leis e preceitos. Em lugar das trezentas leis Jesus apresenta uma só: O amor. Ama e fase o que queres. A isso se resume a lei e os profetas, defendia Cristo (At 9,2. 2). O apóstolo João sintetiza essa doutrina nuclear de nossa fé. Quem ama permanece na Verdade e a verdade vos libertará. Essa força que só a verdade tem fica mais clara ainda quando invertermos o sinal. Da mesma forma que a verdade liberta a mentira escraviza. Por isso mesmo, em João, Cristo identifica o demônio, o satanás como o pai da mentira. E pela simples razão que Deus é a verdade que liberta, o Satã é a mentira que escraviza.

Os do Caminho (Atos 9,2; 24, 13-16)

No primeiro século, nascedouro da Igreja, nossos irmãos, os primeiros cristãos, eram conhecidos como "os do Caminho". Eles caminharam uma jornada, foram peregrinos e, com seu estilo de vida anunciaram a nova vida, o renascer, um modo de vida na contramão de sua cultura e sociedade, acreditaram na possibilidade de um mundo melhor. Com Jesus adquiriram raízes, eram radicais até a morte, raízes que os mantiveram firmes nas adversidades inerentes ao caminho. Corajosamente, viviam a palavra, os ensinos do Cristo, a vida nova e o Senhor faziam-se conhecidos através deles.

Na antiga aliança, também existiram muitos caminhantes. O escritor (ou escritores) aos *Hebreus* registrou a respeito de homens e mulheres que também foram peregrinos (Hb 11, 8-16) e buscaram um mundo melhor, uma nova pátria prometida por Deus. A intensidade da nova vida em Cristo vivenciada no início da igreja refletia o primeiro compromisso, a aliança com nossos pais Abraão, Isaque e Jacó. Homens e mulheres que, no caminho, enfrentaram o inesperado, todo tipo de contratempo e adversidade, mas também sorriram, explodiram de alegria diante do cuidado de Deus.

Em dias da atualidade, experimentamos os efeitos de uma estrutura social e econômica baseada no descartável e efêmero. O sociólogo Zigmunt Bauman refere-se ao nosso tempo como "Vida Líquida" e diz que o amor, os relacionamentos profissionais e afetivos, a segurança pessoal e coletiva, o consumismo material e espiritual, a busca pelo conforto humano e o próprio sentido da existência são líquidos, descartáveis, não concretos, onde o desapego predomina; a incerteza, cotidiana e a vida, um constante do eterno recomeço. A virtualidade é o maior exemplo disso. Quantos se refugiaram atrás de contatos frios e impessoais do "mundo virtual" e esquecem-se do calor das relações, do olho no olho, dos afetuosos toques, da vida!

Cora Coralina escreveu que "O que importa na vida não é o ponto de partida, mas a caminhada. Caminhando e semeando, no fim teremos o que colher".

A caminhada cristã "anuncia o nosso estilo de vida". Jesus não tinha onde reclinar a cabeça. Esse despojamento que vemos no filho de Deus nos constrange e nos desafia diante da falsa segurança que tanto procuramos com um estilo de vida inconsequente e consumista, praticamente um suicídio coletivo. O atual egoísmo social não combina com nova vida em Cristo Jesus.

A solidariedade é característica inerente à nova vida. Caminhando Jesus "viu a multidão e teve compaixão". Jesus sofreu ao ver homens e mulheres longe do propósito de Deus de vida em abundância. Não podemos ser indiferentes aos diversos tipos de sofrimentos humanos.

No Caminho, o Reino deve ser anunciado e também instrumento da denuncia do pecado individual e coletivo. A vida em abundância é um contraponto às forças da morte presentes em muitos aspectos da nossa vida econômica, social, política e religiosa.

Na jornada, devemos nos envolver, nos comprometer na busca da restauração de todas as coisas. A busca egoísta pelo conforto não combina com o esforço no estabelecimento do Reino de Deus, Reino de justiça, paz e alegria para todos.

Caminho realçado no primeiro Catecismo dos cristãos

A Didaqué é um catecismo cristão escrito entre 60 e 90 d. C. (talvez até antes da destruição do Templo de Jerusalém), provavelmente na Palestina ou na Síria. Trata-se, certamente, do "documento mais importante da era pós-apostólica, a mais antiga fonte de legislação eclesiástica que possuímos" (Quasten). Ao que parece, é fruto da reunião de diversas fontes orais e escritas e que bem retratam a tradição das primeiras comunidades cristãs. Essa antiguidade explica porque algumas Igrejas chegaram a considerá-lo um escrito canônico. Apesar de ter sido redigido nos primórdios do Cristianismo, sua mensagem é válida para os dias de hoje.

"Existem dois caminhos: o caminho da vida e o caminho da morte. Há uma grande diferença entre os dois. 2 Este é o caminho da vida: primeiro, ame a Deus que o criou; segundo, ame a seu próximo como a si mesmo. Não faça ao outro aquilo que você não quer que façam a você. 3 Este é o ensinamento derivado dessas palavras: bendiga aqueles que o amaldiçoam, reze por seus inimigos e jejue por aqueles que o perseguem. Ora, se você ama aqueles que o amam, que graça você merece? Os pagãos também não fazem o mesmo? Quanto a você, ame aqueles que o odeiam e assim você não terá nenhum inimigo. 4 Não se deixe levar pelo instinto. Se alguém lhe bofeteia na face direita, ofereça-lhe também a outra face e assim você será perfeito. Se alguém o obriga a acompanhá-lo por um quilometro, acompanhe-o por dois. Se alguém lhe tira o manto, ofereça-lhe também a túnica. Se alguém toma alguma coisa que lhe pertence, não a peça de volta porque não é direito. 5 Dê a quem lhe pede e não peças de volta pois o Pai quer que os seus bens sejam dados a todos. Bem-aventurado aquele que dá conforme o mandamento pois será considerado inocente. Ai daquele que recebe: se pede por estar necessitado, será considerado inocente; mas se recebeu sem necessidade, prestará contas do motivo e da finalidade. Será posto na prisão e será interrogado sobre o que

fez... e daí não sairá até que devolva o último centavo. 6 Sobre isso também foi dito: que a sua esmola fique suando nas suas mãos até que você saiba para quem a está dando." (citação da Didake, texto clássico autoexplicativo)

Cristianismo como caminho e jornada

Mantendo essa ótica do cristianismo como um caminho novo dentro da tradicional cultura hebraica, é bem curioso observar que a linguagem teológica da Igreja católica usa o termo "viático" de via, caminho, para designar a comunhão, a eucaristia que se oferece ao cristão gravemente enfermo na iminência de sua partida ao encontro do Pai. Por definição, estaremos empreendendo nossa última caminhada, a última jornada, partindo do planeta terra.

E, como o cristão é um caminhante, nada mais significativo que seja provido daquele pão que o sustentará, em sua final jornada. Nesse contexto, vale a pena evocar o paradigmático episódio do profeta Elias que, perseguido, foge para o monte Horeb (1 Reis,17-19):

> [3] Elias resolveu fugir para escapar com vida. Foi a Berseba, cidade de Judá e deixou ali o seu criado. [4] Depois continuou sozinho pelo deserto, andando o dia inteiro. A certa altura, sentou-se debaixo dum zimbro e orou, pedindo que a morte o levasse: "Já basta, Senhor! Toma agora a minha vida. Tenho de morrer um dia, como todos os que me precederam e que morreram por te servir. Então que seja agora.
>
> [5] Deitou-se e adormeceu ali, debaixo do zimbro. Enquanto dormia, um anjo chegou-se, tocou-lhe e disse-lhe que se levantasse e comesse. [6] Olhou em volta e viu pão, que fora cozido sobre brasas, e um jarro de água. Comeu, bebeu e tornou a deitar-se.
>
> [7] O anjo do Senhor veio de novo, tocou-lhe e disse-lhe: "Levanta-te, come mais alguma coisa, porque tens uma longa caminhada pela frente."

⁸ Levantou-se então, comeu, bebeu, e aquele alimento deu-lhe forças bastantes para uma longa marcha de quarenta dias e quarenta noites, até ao monte Horebe, a montanha de Deus. ⁹ Ali passou a noite numa gruta.

Haveria uma "eucaristia primeira", ecumênica e universal?!

A partir desse relato bíblico, os Santos padres, primeiros teólogos da Igreja católica, enxergaram nesse episódio bíblico uma alegoria e uma prefiguração do pão da eucaristia que Cristo deu aos seus discípulos, dando-se, Ele mesmo, em alimento. Imolando-se, como cordeiro, se faz o alimento que sustenta e garante a jornada.

Tanto que, Tomás de Aquino, inspirado teólogo medieval produziu um lindo poema teológico descrevendo a sublime excelência da eucaristia, instituída por Jesus de Nazaré como um memorial emblemático da própria jornada humana. Em que, em paradoxal testemunho de amor, Jesus, ele próprio, faz-se alimento de nossa peregrinação rumo à Pátria celeste!

E, se transportarmos o texto para o contexto de sinais adotado pelo evangelho de São João, a mensagem embutida na alegoria acaba sendo muito mais profunda e rica.

À primeira vista, detendo-nos no óbvio, enxergamos nesse seu discurso um enaltecimento ao mistério da presença real de Cristo na eucaristia. Mas tendo em conta a dimensão semântica da alegoria, podemos abastecer nossa espiritualidade com um alimento que cai diretamente nas artérias e veias de nossa espiritualidade. E ouso acreditar que o santo, embora estivesse descrevendo diretamente o mistério da eucaristia, em última instância, visava mais à transcendência do ensinamento. Nesse ponto, lembremo-nos daquela linguagem das duas bíblias. A biblia segunda, de papel, tem na sua clientela básica: hebreus e cristãos. Já a Bíblia primeira, inserida no íntimo de todos os seres vivos, animados e inanimados, abrange toda a obra criada por Deus.

Não podemos esquecer de que a sublime benevolência e misericórdia divina não poderiam limitar-se apenas aos cristãos. Porque o Deus clemente e misericordioso negligenciaria todos os outros povos que não conhecem nem conhecerão ou, simplesmente, não tiveram ou terão acesso à eucaristia? Por que seriam eles privados de sua sublime eucaristia? Porque Deus deixaria outros povos sem um alimento espiritual para seu sustento em sua peregrinação nesse vale de lágrimas? Por que só os cristãos teriam direito ao sublime alimento da eucaristia?

Bastaria lembrarmo-nos da bela expressão de São Paulo "que o mundo todo geme em dores de parto" (Romanos, 8, 22) para nos darmos conta de que, ao final das contas, todo o mundo criado foi feito em sublime eucaristia para todos os bípedes pensantes, "caniços pensantes" de que nós fala René Descartes. Assim, toda a criação é uma colossal eucaristia pulsante!

Nem todo aquele que me diz: "Senhor, Sehor!"

E que eucaristia seria essa que, na condição de alimento espiritual, proveria de proteína divina os demais caminhantes do planeta terra? Que alimento seria esse?! Vejamos o emblemático discurso de Jesus de Nazaré em Mateus, capítulo vinte e cinco, vesículas trinta e um a quarenta e seis:

> Quando o Filho do Homem vier em sua glória, acompanhado de todos os anjos, ele se assentará em seu trono glorioso. Todas as nações da terra serão reunidas diante dele, e ele separará uns dos

outros, assim como o pastor separa as ovelhas dos cabritos. E colocará as ovelhas à sua direita e os cabritos, à sua esquerda.

Então o Rei dirá aos que estiverem à sua direita: "Vinde, benditos de meu Pai! Recebei em herança o Reino que meu Pai vos preparou desde a criação do mundo! Pois eu estava com fome, e me destes de comer; estava com sede, e me destes de beber; eu era forasteiro, e me recebestes em casa; estava nu e me vestistes; doente, e cuidastes de mim; na prisão, e fostes visitar-me".

Então os justos lhe perguntarão: "Senhor, quando foi que te vimos com fome e te demos de comer? Com sede, e te demos de beber? Quando foi que te vimos como forasteiro, e te recebemos em casa, sem roupa, e te vestimos? Quando foi que te vimos doente ou preso, e fomos te visitar?" Então o Rei lhe responderá: "Em verdade, vos digo: todas as vezes que fizestes isso a um destes mais pequenos, que são meus irmãos, foi a mim que o fizestes!"

Depois, o Rei dirá aos que estiverem à sua esquerda: "Afastai-vos de mim, malditos! Ide para o fogo eterno, preparado para o diabo e para os seus anjos. Pois eu estava com fome, e não me destes de comer; com sede, e não me destes de beber; eu era forasteiro, e não me recebestes em casa; nu, e não me vestistes; doente e na prisão, e não me fostes visitar-me." E estes responderão: "Senhor, quando foi que te vimos com fome ou com sede, forasteiro ou nu, doente ou preso, e não te servimos?" Então, o Rei lhes responderá: "Em verdade, vos digo, todas as vezes que não fizestes isso a um desses mais pequenos, foi a mim que o deixaste de fazer!" E estes irão para o castigo eterno, enquanto os justos irão para a vida eterna.

Eis a eucaristia primeira, ecumênica e universal

Eis aí, pois, a eucaristia primeira e, verdadeiramente a que mais agrada o Pai celestial. Jesus de Nazaré fazendo-se criatura humana, e ao apontar nesse discurso escatológico que o critério final de eleição definitiva é o comprometimento integral com o nosso semelhante. Notemos que Jesus não cobra observância de lei alguma, mas, simplesmente, a empatia, a complacência e a misericórdia. Nesse sentido, toda vez que acudirmos um irmão necessitado estaremos retroalimentando nossa caminhada; estaremos revigorando nossos passos; em outras palavras, estaremos nos alimentando com o pão divino da divina eucaristia da complacência e da misericórdia, única e definitiva exigência de o Pai reconheceu-nos e acolheu-nos entre os eleitos!

Se repararmos bem, notamos que já entre os profetas da Primeira Aliança, Antigo Testamento, outro não é o o critério da eleição e predileção do Pai celestial, Iahveh, Elohins!

> [21]"Ai, ai! Eu odeio e ignoro as vossas festas religiosas; também não suporto as vossas assembleias solenes.
>
> [22] Ainda que me ofereçais holocaustos, vossos sacrifícios queimados, com vossas ofertas de cereais, não me agradarei disso tudo; tampouco olharei para as ofertas de paz e comunhão, mesmo que sejam de vossos melhores animais de engorda...."
> (AMÓS 5, 21-22).

4

Apologia à eucaristia cósmica, Theilhard de Chardin

Se fosse aqui pedido meu perfil ideológico, devo reconhecer que tenho um coração tomista e uma cabeça jesuítica. Aí está por que, já de algum tempo, amadureceu-se dentro de mim uma, cada vez mais intensa, compreensão alegórica do belo hino eucarístico de Santo Tomás de Aquino. Não tenho dados históricos suficientes, mas acredito que esse lindo texto foi por ele ruminado depois de ter sido censurado pelo papa Pio XII quanto à sua explicação do entendimento que tinha sobre o pecado original.

Entretanto, por incrível que pareça, em menos de meio século depois, o anatematizado jesuíta francês foi reabilitado e até enaltecido por um papa bem mais radical que Pio XII, papa Bento XVI, que andou aterrorizando os teólogos mais progressistas do pós Vaticano segundo.

Mas o certo é que a 24 de julho de 2009, durante suas férias no norte da Itália, o papa Bento XVI pronunciou numa homilia na Catedral de Aosta, comentando passagens da Epístola de São Paulo aos romanos, elogiou o jesuíta francês Pierre Teilhard de Chardin como um modelo para os sacerdotes, atribuindo-lhe a ideia de uma liturgia cósmica, dizendo que era algo que eles deveriam tratar de realizar.

Em testemunho da verdade

Pela relevância e pertinência do assunto, tenho certeza de que vale a pena inserir aqui, pelo menos, alguns dos parágrafos mais tocantes desse belo texto a que o grande teólogo, papa Bento XVI refere-se na histórica homilia referida.

Título do texto: "La Messe sur le Monde", A Missa sobre o Mundo, texto extraído do volume *Hino do Universo*, Teilhard de Chardin, publicado em 1996.

Introdução

Essa meditação foi inspirada ao padre Teilhard pela impossibilidade em que se achou, em pleno deserto dos Ordos, no decorrer de uma expedição científica, de celebrar a missa. Era, ao que parece, o dia da Transfiguração, festa que lhe era particularmente querida. Pôs-se, então, a refletir sobre a irradiação da Presença da Eucaristia no Universo. Não confundia, sem dúvida, essa presença, fruto da transubstanciação propriamente dita, com a presença universal do Verbo. A sua fé no mistério eucarístico não era apenas ardente: era tão precisa como firme. Mas, justamente, era uma fé forte e realista o bastante para o levar à descoberta das suas consequências ou, como ele dizia, dos seus "prolongamentos" e das suas extensões.

Num tempo em que o individualismo habitualmente mascarava ainda a esse respeito o ensino total da tradição católica, o padre Teilhard escrevia – e estávamos no ano em que foi redigida A Missa no Altar do Mundo:

> Quando Cristo desce sacramentalmente entrando em cada um dos seus fiéis, não é apenas para conversar com ele [...] quando diz, por meio do sacerdote: **Hoc est corpus meum**; estas palavras transbordam

> o pedaço de pão sobre o qual são pronunciadas: fazem nascer o Corpo Místico na sua completude. Para lá da Hóstia transubstanciada, a operação sacerdotal estende-se ao próprio Cosmos. [...] A Matéria inteira sofre, lenta e irresistivelmente, a grande Consagração.

Já em 1917, em O Sacerdote, o padre Teilhard escrevia:

> Quando Cristo, prolongando o movimento da sua Encarnação, desce ao interior do pão para o substituir, a Sua ação não se limita à partícula material que a Sua Presença, por um instante, vem volatilizar. Mas a transubstanciação aureola-se de uma divinização real, embora atenuada, de todo o Universo. Do elemento cósmico em que se inseriu, o Verbo age para subjugar e assimilar a Si tudo o mais. Vemos, nestes textos, que o mistério eucarístico era não só afirmado na sua substância precisa, como se distinguia perfeitamente dos efeitos segundos nos quais a sua fecundidade se manifesta: crescimento do Corpo Místico, Consagração do Cosmos.

A oferenda

"Visto que, uma vez mais, Senhor, já não tenho nem pão, nem vinho, nem altar, elevar-me-ei acima dos símbolos até à pura majestade do real, e oferecer-vos-ei, eu, Vosso sacerdote, no altar da Terra inteira, o trabalho e a dor do Mundo.

O sol acaba de iluminar, ao longe, a franja extrema do primeiro Oriente. Uma vez mais, sob o pano movente dos seus lumes, a superfície viva da terra desperta, estremece, e recomeça o seu labor tremendo. Colocarei na minha patena, ó meu Deus, a colheita esperada deste novo esforço. Derramarei no meu cálice a seiva de todos os frutos que serão hoje esmagados.

O meu cálice e a minha patena são as funduras de uma alma largamente aberta a todas as forças que, dentro de um instante, se elevarão de todos os pontos do Globo e convergirão a caminho do Espírito. – Venham, pois, a mim a recordação e a presença mística daqueles que a luz desperta para uma nova jornada! [...]

Recebei, Senhor, esta Hóstia total que a Criação, movida pelo Vosso apelo, Vos apresenta na nova aurora. Este pão do nosso esforço não é, por si próprio, bem o sei, mais do que uma imensa desagregação. [...]

E agora, pronunciai sobre ele, pela minha boca, a palavra dupla e eficaz, sem a qual tudo oscila, tudo se desliga, na nossa sabedoria e na nossa experiência, com a qual tudo se reúne e tudo se consolida a perder de vista nas nossas especulações e na nossa prática do Universo. Sobre toda a vida que vai germinar, crescer, florir e amadurecer neste dia de hoje, repeti: "Este é o meu corpo". E, sobre toda a morte que se prepara para corroer, para pisar, para cortar, ordenai (mistério de fé por excelência!)[...]

Agora, Senhor, pela Consagração do Mundo, a claridade e o perfume que flutuam no Universo tomam para mim corpo e rosto em Vós. O que o meu pensamento hesitante entrevia, o que o meu coração reclamava por meio de um desejo inverosímil, eis que magnificamente mo dais: que as criaturas sejam não só de tal modo solidárias entre si que nenhuma possa existir sem todas as outras para a rodearem – mas que estejam de tal modo suspensas de um mesmo centro real que é uma verdadeira Vida, sofrida em comum, o que lhes dá, em última análise, a sua consistência e a sua união.

Fazei desabrochar, meu Deus, pela audácia da Vossa Revelação, a timidez de um pensamento pueril que não ouse conceber nada mais vasto, nem mais vivo, no mundo do que a miserável perfeição do nosso organismo humano! No caminho de uma com– preensão mais ousada do Universo, os filhos do século ultrapassam todos os dias os mestres de Israel. Vós, Senhor Jesus, «em quem todas as coisas encontram a sua consistência», revelai-Vos enfim aos que Vos amam, como a Alma superior e o Núcleo físico da Criação. Nisso se joga a nossa vida, não o vedes? Se, pelo meu lado, não pudesse acreditar que a Vossa Presença real anima, flexibiliza, reconforta a mais pequena das energias que me penetram ou me roçam, acaso não morreria eu, transido de frio, na medula do meu ser?

Agradeço-Vos, meu Deus, por terdes, de mil maneiras, conduzido o meu olhar, levando-o a descobrir a simplicidade imensa das Coisas! Pouco a pouco, sob o desenvolvimento irresistível das aspirações que depusestes em mim quando eu era ainda criança, sob a influência de amigos excepcionais que apareceram no momento exacto no meu caminho para iluminar e fortalecer o meu espírito, sob o efeito do despertar de iniciações terríveis e cheias de doçura cujos círculos me fizestes transpor uns a seguir aos outros, acabei por nada ser capaz de ver ou respirar fora do meio onde tudo é apenas Um.

"*Neste momento em que a Vossa Vida acaba de entrar, com um vigor acrescido, no Sacramento do Mundo, saborearei, com uma consciência acrescida, a embriaguez calma e forte de uma visão cujas coerência e harmonias não consigo esgotar.*

O que experimento, diante e dentro do Mundo assimilado pela Vossa Carne, transformado em Vossa Carne, meu Deus, não é nem a absorção do monista ávido de se fundir na unidade das coisas, nem a emoção do pagão prostrado aos pés de uma divinda– de tangível, nem o abandono passivo do quietista sacudido ao sabor das energias místicas.

Tomando destas diversas correntes qualquer coisa da sua força sem me agarrar a nenhum escolho, a atitude em que me fixa a Vossa Presença universal é uma síntese admirável onde se misturam, corrigindo-se, três das mais temíveis paixões que alguma vez podem confundir um coração humano."

Comunhão

"*Sem hesitar, primeiro, estenderei a mão para o pão escaldante que me apresentais. Nesse pão, onde encerrastes o germe de todo o desenvolvimento, reconheço o princípio e o segredo do futuro que me reservais. Tomá-lo é entregar-me, eu sei, às potências que dolorosamente me arrancarão a mim próprio para me impelirem para o perigo, para o trabalho, para a renovação contínua das ideias, para o austero desprendimento nas afeições. Comê-lo é contrair, pelo que em tudo está acima de tudo, um gosto e uma afinidade que me tornarão doravante impossíveis as alegrias em que se retemperava a minha vida. Senhor Jesus, aceito ser possuído por Vós, e levado pela inexprimível força do Vosso Corpo, a que ficarei ligado, para solidões às quais, sozinho, nunca ousaria subir. Instintivamente, como todo o homem, gostaria de armar aqui em baixo a minha tenda num cimo que escolhesse. Tenho medo, também, como todos os meus irmãos, do futuro demasiado misterioso e demasiado novo para que me empurra o tempo que passa".*

(Ordos, China, 1923 – vide LEXICO entre anexos do livro)

5

Seguir o Mestre é um deslumbramento de prodígios! –Jesus anda sobre as águas (Quinto Sinal).

O que lemos nas Sagradas Escrituras...

> "[...] entrando no barco, atravessaram o mar em direção a Cafarnaum; e era já escuro, e ainda Jesus não tinha chegado ao pé deles.
>
> E o mar se levantou, porque um grande vento assoprava.
>
> E, tendo navegado uns vinte e cinco ou trinta estádios, viram a Jesus, andando sobre o mar e aproximando-se do barco; e temeram.
>
> Mas ele lhes disse: Sou eu, não temais.
>
> Então eles de boa mente o receberam no barco; e logo o barco chegou à terra para onde iam."
> (João 6, 16-21)

Examinando as Sagradas Escrituras

Esperaríamos que Jesus caminhasse sobre o mar para ajudar os discípulos (como no relato sinético) e que o milagre consistiria exatamente em aplacar a tempestade. Mas nada disso. João tem claramente uma outra intenção. Em vez dc uma tempestade acalmada pode-se falar de um desembarque milagroso. Mas nem isso interessa ao evangelista de modo particular. João não está desenvolvendo o tema de Cristo ajudando os discípulos em dificuldade, mas quer antes dizer que Jesus é o Senhor majestoso, isento das limitações que a natureza impõe ao homem. Em Jesus, manifesta-se a presença de Deus, majestosa e potente, livre e salvífico. Tudo isso está incluído no solene Sou eu (v. 20),

Jesus escolhe o caminho do mar não tanto para se apressar em ajudar os discípulos quanto para afirmar que ele e o Senhor, Eu sou.

Tudo isso se torna mais convincente ainda quando nos lembramos de algumas reminiscências bíblicas que talvez constituam o fundo do episódio e que pretendem descrever a presença de Deus, salvifica e misteriosa, no meio de seu povo. Antecipar a seqüência que encontramos no nosso texto: "Erravam por lugares desertos e solitários, estavam transidos de fome e sede... e ele os aliviou de suas necessidades. Resta uma pergunta cuja resposta poderá, em parte, precisar e em parte modificar o que até agora dissemos. Por que a caminhada sobre o mar é inserida aqui, entre a multiplicação dos pies e o discurso que a explica? É possível que o evangelista tenha narrado a caminhada no mar simplesmente porque se encontrava associada à multiplicação dos pães. Mas não seria conforme o modo de proceder de Jo assumir uma coisa da tradição sem aprofundar seu sentido.

Soletrando as Sagradas Escrituras...

Buscam a Jesus porque viram prodígios. Bem-aventurados os que não veem e creem. O Pai celestial, no manual de pedagogia que nos legou nas páginas das Sagradas Escrituras, propõe-nos um modelo de seguimento. E deixa muito clara sua proposta quando elege a pessoa de Abraão como nosso modelo. E a palavra chave desse modelo é a confiança. De fato, quantas vezes Jesus usa e repete essa palavra "mágica" nos evangelhos? "Não tenham medo"; "não tenham medo"; "tenham confiança"; "tenham confiança", sou Eu, "não temais!" Segundo alguns eruditos, a expressão "não temas" que no hebraico é yare ocorre 305 vezes. Segundo esses estudiosos, quando você soma todos os equivalentes desse termo como uma promessa dos cuidados protetores de Deus para Seu povo chegamos a 365 vezes.

A confiança que nos pede é plena e irrestrita. Quem confia não tem medo. Quem não tem medo, torna-se livre; tornando-se livre somos restaurados no poder de Deus; ficamos revestidos e amparados pelo poder de Deus. E a recíproca também é verdadeira. Quem tem medo não confia torna-se vulneral ao mal e às ciladas do demônio.

"Corpo aberto", "Corpo fechado?" – O que é?

Nas inúmeras palestras de catequese de adultos que proferi no interior do Brasil, muitos me perguntavam: existe o tal "corpo aberto", "corpo fechado"? Depois de muito pensar e analisar, conclui: sim existe o corpo aberto, sim existe o corpo fechado. O corpo fechado é aquela pessoa que confia e deposita toda sua confiança em Deus. Esse que confia em Deus como Abraão e busca-o sempre e cultiva-o em sua vida, disponível e servindo ao próximo, este tem seu corpo fechado.

Os Salmos atestam isso, constantemente. Vejamos, por exemplo, o salmo 125: "Aqueles que confiam no Senhor são como montes de Siao que não se abalam, mas permanecem para sempre.".

Igualmente é o que verificamos no salmo dezoito: "O Senhor é a minha rocha, a minha fortaleza e o meu libertador; o meu Deus é o meu rochedo, em quem me refugio. Ele é o meu escudo e o poder que me salva, a minha torre alta.".

Vejamos nos santos evangelhos exemplos do "corpo aberto" de Simão Pedro que, empolgado com a visão de Cristo andando sobre as ondas do mar, sob a ordem de Cristo, enquanto esteve confiante, deu seus passos sobre o mar, mas tão logo pensou no que estava fazendo e foi invadido pela dúvida e pelo medo, começou a soçobrar.

Quando vemos, por exemplo, três ou quatro motociclistas girando loucamente dentro de um mesmo pequeno globo de aço, vemos logo que, tendo eles treinado exaustivamente, cada um precisa confiar totalmente que o outro saberá movimentar-se exatamente na direção e velocidade combinadas. Cada um precisa confiar plenamente, cegamente, no outro. E, como eles confiam cegamente uns nos outros, vemos que uma loucura que teria tudo para dar errado, acaba harmonizando-se em círculos e elipses que se cruzam umas com as outras, com diferenças de tempo e espaço de centésimos de segundo e espaço e, quando, dentro do combinado, aceleram e desaceleram sincronizadamente, tudo se ajeita e acomoda-se sem atritos nem acidentes.

Podemos tomar essa metáfora para nossas vidas. Pelos dons que recebemos, Deus confiou a cada um de nós uma missão de serviço integrado dentro de um todo, o globo da vida e do nosso dia-a-dia. Por isso, quando Jesus nos recomenda não temermos e termos confiança ele não está precisando que nos submetamos a ele. Ele está advertindo-nos sobre o princípio básico que rege a harmonia de uma vida cheia de conflitos e contradições.

O medo pode ser nosso aliado ou nosso adversário

E, se prestarmos bem atenção em volta de nossa vida, tudo aponta pra essa chave mestra da função da vida. Tudo em nossa volta aponta para essa lei régia da própria vida. Para algumas situações, precisamos ter confiança em nós mesmos; noutras, talvez a maioria, precisamos confiar em outros. Aqueles atletas equilibristas que andam sobre cabos de aço esticados sobre um abismo, de 100 a mil metros de altura, movem seus pés firmes e decididos, sobre finíssimos cabos de aço e precisam ter absoluto controle de suas emoções e não admitir a mínima desconfiança ou medo.

Vemos, assim, que o medo é o demônio que precisamos vencer todos os dias. Nas festividades populares das noites de São João, há ou havia, no interior do estado de Goiás, um costume de atravessar um braseiro incandescente, de pés descalços. Aqueles que convictos, seguros e tranquilamente acreditam que podem, conseguem, caminhando sobre brasas, atravessar sem queimar a sola dos pés. Confesso que, na minha juventude, cansei de fazer isso, tranquilamente sem ferir a sola dos pés. Hoje, com as atitudes de hoje, não sei se conseguiria!

Notamos também que a confiança tem, basicamente, dois pré-requisitos: respeito e amor. Nalgumas situações parece que basta o respeito, noutras respeito e amor. No campo profissional parece bastar o respeito, credibilidade para se dispensar confiança. As ferramentas, e equipamentos requerem confiança de seus usuários.

A casa do Mestre é uma visão beatifica perene! –A Cura do cego; Sexto sinal (João 9, 1-41).

À primeira vista, essa longa narrativa de um único episódio relatado detalhadamente em quarenta e um versículos dá a impressão de repetitivo e até enfadonho. Para ajudar-me a trocá-lo em miúdos deixando bem claras todas as suas facetas, valho-me do frei Carlos Mesters, que, como ninguém, sabe trazer para a luz da clareza e para o devido ambiente de fé os textos mais obscuros.

Quem ama, tudo pode.
Desenho Giulia, 7 anos

Frei Carlos introduz suas ponderações confirmando que esse texto é muito comprido. – "Mas,"– diz ele: " é um texto muito vivo. Difícil de ser cortado pelo meio. Trata da cura de um cego, a quem Jesus devolve a luz aos olhos. É uma história cheia de simbolismos. Temos aqui mais um exemplo concreto de como o Quarto Evangelho tira raio-X para revelar o sentido mais profundo que existe escondido dentro dos fatos. É o sexto sinal, realizado em dia de sábado (João 9,14) e ligado à Festa das Tendas (João 7,2.37), que era a festa da água e da luz.

As comunidades do Discípulo Amado identificaram-se com o cego de nascença e com a sua cura. Cegas desde o nascimento por causa da prática legalista da Palavra de Deus, elas conseguiram enxergar a presença de Deus na pessoa de Jesus de Nazaré. Para chegar a isso, tiveram que fazer uma travessia cheia de conflitos e de perseguições. Por isso, pela descrição das várias etapas e conflitos da cura do cego de nascença, descreveram também o itinerário espiritual que elas mesmas percorriam, desde a escuridão da cegueira até a luz plena da fé esclarecida em Jesus. Conclusão. Quando o ex-cego é expulso da sinagoga, exatamente, então, é que Jesus vai encontrar e faz dele um fiel seu.

Realmente, Deus julga de outro modo que os homens. E é esse juízo de Deus que Jesus veio revelar. Ele é a luz; quem pensa ver a recusa, quem é cego a acolhe (v. 39).

Os fariseus tinham afirmado nao saber quem era Jesus (v. 29h). Mas Jesus na realidade se revelou publicamente, seu gesto é bem claro, a presença dc Deus nele é evidente. Mas os fariseus são seguros de si, pensam ver (v. 41), e é por isso que não podem estar abertos a novidade de Cristo.

A primeira, que foi a que principalmente relevamos, é esta: a luz vence as trevas e suscita um julgamento. A segunda lição é de tipo apologético: a discussão que percorre o episódio é um eco das disputas entre judeus e cristãos. Qual é o ponto de discussão? E uma discussão em torno do sábado; essa discussão era certamente muito intensa e atual; mas não é o elemento central da discussão; passa logo para o segundo plano e fica no fundo. A verdadeira discussão gira em tomo da origem de Jesus. Nos versículos 28-33 entrevê-se a dureza da polêmica entre a Igreja e a Sinagoga. Quando Jo escreve, a Sinagoga condenava duramente os grupos cristãos.

Soletrando as Sagradas Escrituras

Os discípulos de Jesus têm um falso conceito da retribuição (João 9,1-4). Conforme a mentalidade antiga, o bem-estar e a desgraça eram fruto lógico da conduta moral adequada ou inadequada, respectivamente (Rm 6, 23). A partir desse princípio geral, era evidente considerar a enfermidade como consequência do pecado. Os rabinos preocupavam-se, em particular, pela deficiência ou deformidade de todo tipo com que nasce um homem. Se o sofrimento e qualquer tipo de enfermidade eram consequência do pecado, a causa da deficiência de nascimento devia ser buscada nos pais ou antepassados. Os discípulos de Jesus, fruto dessa mentalidade de sua época, participavam dessa mesma mentalidade. Jesus opõe-se radicalmente a ela, e justifica a enfermidade como um instrumento para esclarecer a afirmação de Jesus: eu sou a luz. E o segundo dos célebres "eu sou". O contexto histórico no-lo oferece a festa dos tabernáculos (João 8,12). Urn dos ritos mais belos, impressionantes e significativos, era a iluminação do átrio das mulheres no Templo.

Tanto para o *Antigo Testamento* como para o judaísmo, a luz era símbolo da lei e da sabedoria. De ambas, dizia-se que eram a luz dos homens. No mundo helenista, a luz simbolizava o conhecimento de Deus. Os primeiros cristãos consideram o Evangelho como a luz. Com a sua autoapresentação Jesus atribui a sua pessoa o que se afirmava da lei, da sabedoria, do conhecimento de Deus e do Evangelho. Eu sou a luz, isto é, a lei, a sabedoria, o conhecimento de Deus, o Evangelho.

Quem cura um cego de nascença sem nenhuma possibilidade de recuperação demonstra que é a luz. No pensamento do evangelista, o processo aberto pelos fariseus sobre o caso da cura de um cego de nascença que tanta ressonância teve entre o povo simples, quer demonstrar

Jesus ilumina, dessa forma, o mistério da existência humana e procura a Salvação dos homens que esperavam da lei. Para isso, faz-se necessário que o homem aproveite a luz do dia, isto é, a presença de Jesus. A sua ausência significa a irrupção do mundo das trevas, do mundo.

Esse relato nos oferece o quadro mais belo e completo do significado da obra de Cristo mediante a acentuação da dimensão da fé e seus inevitáveis confrontos com o mundo incrédulo.

O "purificado", o batizado, o crente. Enfim aquele que aceita o Enviado. Começa a enxergar, é iluminado, passa das trevas à luz: não de repente e nem de uma forma claramente perceptível exteriormente (como reflete o fato de que alguns reconheciam aquele que era cego e outros não). mas profundamente experimentado interiormente. Ele dizia "sou eu". Alude-se ao poder transformante da palavra de Jesus. No seu contato. O homem deixa de ser como era antes (2 Cor 5.17).

Também se acentua que a ação de Jesus divide os homens. A utilização da saliva estava proibida em dia de sábado (João 9.14). A ação de Jesus vai além das proibições infantis. Nesse caso, é sinônimo de que o judaísmo estava caducando. Devia ser substituído por algo novo.

Soletrando as Sagradas Escrituras...

O evangelista João apresenta-nos como sétimo sinal a Ressurreição de Lázaro. Buscando entender o conteúdo e objetivo desse sétimo Sinal, reparamos que, nos versículos quatro e no 42, Jesus apresenta-nos dois objetivos distintos para a realização desse prodígio, a ressurreição de Lázaro. No versículo quatro, Jesus, didaticamente, explica aos discípulos que a enfermidade que levará à morte não é para a morte, mas para a "glória de Deus." E, no versículo 42, Jesus indica que o prodígio da ressurreição de Lázaro é "para que creiam que Jesus é o Filho de Deus".

No desenvolvimento dessa seção, encontramos o mesmo esquema o milagre, a ressurreição de Lázaro, seguido por um discurso. Nessa ocasião, oferece-se a modalidade de estarem entrelaçadas, isto é, não se narra primeiro o fato de forma seguida até terminá-lo e depois o discurso, mas aparecem fundidos, como efeito da dramatização do relato. O tema é apresentado por Jesus mesmo: Eu sou a ressurreição e a vida.

Aquele que crê em mim, ainda que esteja morto, viverá. E todo aquele que vive e crê em mim, jamais morrerá (João 11,25-26). Estamos, sem duvida alguma, diante do sinal mais importante. Aqui, os sinajs atingem o seu ponto mais alto.

O primeiro termo como base os elementos materiais: a égua e o vinho (João 2,1-11); o segundo acentua a cura a distancia (João 4,46-54); o terceiro insiste na infusão de uma nova vida num organismo paralisado (João 5,1ss); aparece em seguida a profunda saturação da fome do homem, na qual se apresenta como o "cu sou" (João 6); coloca-se em cena a iluminação da existência humana (João 9, lss) para chegar a proclamando da vitoria da vida sobre a morte (João 11,1ss). A título de confirmação desta ideia pode-se fazer alusão ao pensamento do apostolo Paulo: o ultimo inimigo a ser vencido será a morte (1Cor 15,26).11,1-16

Nessa historia, saltam imediatamente à vista os dois tipos de níveis que os protagonistas do relato se movem. No primeiro deles é representado pelas irmãs de Lazaro e os discípulos de Jesus, tudo se mede pelo termômetro natural: a enfermidade do irmão e do amigo, o sono, o perigo de retornar a Judéia, a decisão de subir e morrer com ele. Mas existe outro termômetro diverso para medir as coisas e 0s acontecimentos. E aquele revelado por Jesus: a enfermidade e a morte não tem as ultimas palavras. Ambas sao superadas pelo autor da vida, que é capaz de "curar" o enfermo e de "despertar" aquele que está dormindo.

O perigo de retornar a Judéia não é grave se for durante o dia (João 11,9-10; 9,4), isto é, o caminhar na luz ou nas trevas expressa a missão de Jesus, a obra que ele tinha de realizar na "hora" designada pelo Pai.

Enquanto chega esse momento, antes que Jesus tenha realizado a sua obra, seus inimigos nada poderão contra ele, porque ainda não chegou a sua hora. Jesus fala do sono de Lazaro referindo-se à sua morte (João 11,11). Os discípulos não compreenderam. O evangelista utiliza esse recurso da incompreensão para ter a oportunidade de apresentar o relato com todo o seu significado. O sono é um eufemismo que indica a morte. Era uma imagem muito frequente. Quando um enfermo recupera o sono de forma natural, é sinal de melhoria.

Assim, os discípulos o entenderam no caso de Lázaro: Senhor, se ele dorme, há de sarar (João 11,12). Jesus move-se em outro contexto: se o sono é imagem da morte, ao despertá-lo, significa oferecer-lhe a saúde e a vida.

Jesus interpreta o milagre como ele é, isto é, um sinal que deve servir para a revelação da gloria de Deus ou para a glorificação do Pai e do Filho (João 11.4) – a glorificação é o reconhecimento da ação de Deus através de seu Filho. E nesse Sinal se dão ambas as coisas: a manifestação de Deus em ação e a reação do homem aceitando-o na fé (João 11.46). O evangelista pretende acentuar a presença e a autoridade de Deus tornadas realidades concretas em Jesus. Ele é o enviado do Pai e, portanto, o princípio essencial de referência para a realização do julgamento de Deus. Esse será positivo para quem o aceite na fé e negativo para quem o desprez. O confronto de Jesus com a morte de Lazaro é uma antecipação do seu próprio confronto com a cruz que o espera. Daí que o evangelista relaciona estreitamente a ressurreição de Lázaro com a própria e próxima ressurreição. Isso se torna claro quando recordamos a estranha decisão de Jesus deixar transcorrerem dois dias antes de ir ao encontradas chorosas irmãs de

Lázaro. Depois que os fatos ocorreram, é que entendemos porque ele não foi logo ao encontro de seu amigo, mas deixou que transcorressem exatamente os dois dias que, não por coincidência, verificamos para Jesus que ressuscitou ao terceiro dia!

E aí está também o porquê de o discípulo João identificar esse evento prodigioso como o sétimo sinal! É que, com a ressurreição de Jesus, conclui-se a bela obra da recriação do novo mundo inaugurado com a vinda de Jesus, o filho de Deus, ou, como Ele mesmo preferia identificar-se: "O Filho do Homem"!

Se confrontarmos esse aspecto com o relato do Gênesis, vemos Iahveh, Elohins, entrar em repouso depois de concluída a ciclópica obra da criação do Universo e concluir que tudo que fizera era verdadeiramente muito bom ou, na intuitiva versão da Bíblia para a língua italiana em língua corrente: *"E Dio vide che tutto quel che aveva fatto era davvero molto belo.".*

Ressurreição da carne, na vida eterna, amem

O Catecismo da Igreja católica, "Vade mecum" dos seus fiéis, tem, a exemplo dos 12 apóstolos de Cristo, 12 artigos. Os dois últimos deles são exatamente o que o discípulo amado de Cristo, João, identificou como o sétimo sinal.

A cultura teológica da Igreja católica assumiu em seu DNA, toda a carga simbólica e alegórica da numerologia, destacando-se, entre eles, o número sete e o 12. Temos, por exemplo, os sete sacramentos e os sete dons do Espírito Santo. Com 12, temos os 12 apóstolos. Vejamos o que deles dizem os dicionários bíblicos.

Simbolismos e alegorias do número sete

O número sete tem o mesmo significado do três: completude e perfeição. Mas enquanto o número três é a perfeição de Deus, o número sete é a perfeição de Sua ação na história, no tempo e na Igreja. A partir do número sete, todos os números são uma composição dos seis anteriores. Ele é normalmente a soma de três mais quatro. Três é o número do Deus Triuno unido com a sua criação representada pelo número quatro. Tudo que fala da ação divina no tempo e no meio da sua criação é sete. Por isso ,o sétimo dia, o sábado, foi santificado (Gn 2, 1-3). Enoque, o sétimo depois de Adão, foi transladado (Gn 5, 24). Depois que Noé entrou na arca, houve ainda sete dias de tolerância, de graça (Gn 7, 4). Jacó serviu a Labão por sete anos. No Egito, houve sete anos de abundância e sete anos de fome. O candelabro tinha sete lâmpadas. O sangue tinha que ser aspergido sete vezes significando a redenção perfeita. O sábado é o sétimo dia simbolizando o perfeito descanso que Deus nos oferece. Durante a festa dos Pães ázimos, havia uma oferta de holocausto feita por sete dias, simbolizando a perfeita consagração. A festa dos tabernáculos durava sete dias, simbolizando a perfeita glória. A luta contra Jericó foi feita com sete sacerdotes, usando sete trombetas, marchando por sete dias, simbolizando perfeita vitória. Naamã mergulhou sete vezes no rio Jordão, entendido como perfeita purificação, João teve sete filhas depois da sua tribulação, simbolizando a perfeita benção. Jesus falou sete palavras na cruz. Havia sete diáconos na Igreja primitiva. São sete as parábolas do reino em Mateus 13. São sete as festas que havia em Israel e também sete as igrejas em Apocalipse. Nele, existem muitos grupos de sete: são sete espíritos de Deus, sete candelabros, sete lâmpadas, sete chifres, sete olhos, sete trombetas, sete pragas e sete taças. Ao todo, em Apocalipse, o sete é mencionado 56 vezes, portanto, compreender o significado desse número é muito importante para o entendimento desse livro.

Simbolismos e alegorias do número doze

O número 12 possui basicamente o mesmo significado do sete, todavia se diferencia dele porque o sete é a perfeição da ação de Deus na história do homem no tempo, enquanto o 12 é a perfeição de Sua ação para a eternidade. Por isso tudo o que é eterno em Apocalipse é 12, mas tudo o que tem fim é sete. Sete é três mais quatro, mas o 12 é três vezes quatro. Assim a Grande Tribulação acontece na metade de um período de sete anos, porque é uma ação perfeita de Deus, mas acaba, tem fim. Os sete selos e as sete trombetas são uma ação completa de Deus, no entanto, só por um tempo, enquanto aquilo que é 12 é eterno. A Bíblia fala que são 12 meses, 12 discípulos, 12 portas de Jerusalém, 12 pedras preciosas no peito e nos ombros do sumo sacerdote, 12 pães e 12 espias. Jesus foi a Jerusalém aos 12 anos. São 12 as legiões de anjos. Apocalipse 21 refere-se ao número 12: a Nova Jerusalém possui 12 portas, 12 fundamentos, 12 tronos, 12 pérolas e 12 pedras preciosas. Tudo que é eterno é 12.

Assim, quando o apóstolo João enxerga na Ressurreição de Lázaro o sétimo sinal apontado pelo Mestre Jesus, está nos ensinando que precisamos encarar esse momento de nossa vida como a apoteose da nossa vida. Nosso momento de plenitude e glória.

A liturgia da Igreja Católica sempre enxergou a "ressurreição da carne" como nosso momento solene e definitivo.

Livro segundo

Analítico – "...*et Filii*..." – pela mediação do "Filho do homem..."

(ITINERÁRIO DO FILHO DO HOMEM, O SERVO DE ELOHINS/ELSHADAY)

Cabeça, tronco, membros do Legoninjago

1

Montando o Legoninjago. Cabeça: Os cinco patriarcas, pedagogos das lições do Mestre

Primeiro pedagogo das lições do Mestre: Noé, pedagogia da fraternidade cósmica (Gn 6, 13-2).

Que relação poderia haver entre Noé e o Reino de Deus desenhado, apresentado e defendido por Jesus Cristo? Em outras palavras, que predicados do Reino de Deus seriam aplicáveis ao personagem de Noé desenhado nos relatos bíblicos?

Mesmo deixando de lado os elementos simbólicos que giram em torno de Noé, como a Barca, símbolo da igreja; o Dilúvio, água, símbolo do batismo; o arco-íris, símbolo da paz que Cristo veio trazer ao mundo, que analogias ou semelhanças poderá haver entre o personagem Noé e o Reino de Deus?

O Reino de Deus, "Seio de Abraão", é a meta do Mestre

Creio firmemente que, sendo a imagem e semelhança de Deus, estou projetado para a eternidade em Deus. E, por não crer no panteísmo, acredito que, como ser humano, serei restaurado. E restaurado com minhas individualidades e singularidades. De maneira alguma serei absorvido na essência divina. E, essa restauração, a exemplo do que foi demonstrado em nosso protótipo e arquétipo, Jesus Cristo, Filho da Virgem Maria, ocorrerá com os mesmos predicados dele. Assim, como ele escolheu encerrar sua etapa terrestre aos 33 anos, entendo e creio firmemente que, como ele, mesmo que tenha encerrado meu ciclo terrestre aos noventa ou cem anos, com um corpo já decrépito, serei restaurado em corpo glorioso em pleno vigor de minha humanidade, aos trinta e três anos também, como meu Mestre e Senhor!

Noé, sua arca e sua bicharada.
Desenho Giulia, 7 anos.

O grande biblista, frei Carlos Mesters, ensina-nos que, olhando para os relatos e personagens bíblicos, nunca podemos nos ater ao que está na superfície, mas cavar o texto e procurar enxergar as pepitas que se escondem e se disfarçam por trás de narrativas singelas e, às vezes, simplórias.

Como ponto de partida para essa "garimpagem", devemos sempre considerar o predicado básico da cultura bíblica dos Hebreus, a linguagem mítica – narrativa simbólica: alegorias, metáforas e parábolas.

Considerando que o tema central desse ensaio de exercícios espirituais é "O reino de Deus e sua justiça" e tomando as Sagradas Escrituras" como nossa fonte primária, esbarramos logo na figura de Noé como protagonista guardião que nos aponta para o cenário que buscamos: O reino de Deus e sua justiça.

Logo de início, devemos colocar a pergunta: há algum significado oculto ou implícito no próprio nome Noé? Vejamos. O apelativo, substantivo próprio, Noé, em hebraico *noah* significa "repouso", "descanso" ou "conforto", acreditando que seu nome venha da raiz *"nwh"* (descansar) e associado ao verbo *"nhm"*, traduzido como "consolará" em Gênesis 5,29.

Noé desfrutava de uma comunhão muito grande com Deus. Era dotado de caráter justo e integro, totalmente diferente do restante da população de sua época que possuía um nível moral completamente corrompido pelo pecado. Ele também é descrito nas Escrituras como um homem de fé, devoto e obediente a Deus.

E aqui encontramos o núcleo de predicação da figura de Noé que nos aponta exatamente para o cerne do que o Mestre Jesus descreveu-nos como "Reino de Deus". O Reino de Deus apresenta-se como aquela apoteose do ser humano que alcança uma sintonia fina e profunda com a plenitude de todos os bens, quase como que mergulhando e circulando na profunda intimidade com o Senhor Deus. O Shalom, paz, justiça e plenitude de todos os bens!

Essa simbiose, quase que fusão, poderia ser definida com um termo muito apreciado pelos carismáticos: "repousar no Espírito!" Só que em Noé temos repousar em Deus, a comunidade das três pessoas divinas e não apenas uma delas em sua função de ajuda e apoio, na caminhada. O repousar apontado na parábola ou alegoria de Noé é um ponto de chegada. Não um caminho, como no caso dos carismáticos. A experiência que vislumbramos em Noé significa uma apoteose de pacificação de todas as coisas do Universo em Deus. Nesse sentido, tudo aponta para um repousar coletivo, comunitário e cósmico. A experiência de Noé não exclui a subjetiva, mas a supera, em plenitude, envolvendo o ser humano com tudo que o circunda e plenifica.

Por essa ótica, em alegoria, poderíamos enxergar no barquinho que acolhe o ser humano e uma casa de todos os seres vivos as duas mãos em concha do poder de Deus, acolhendo amparando e protegendo o ser humano e todos os demais seres vivos.

O que lemos nas Sagradas Escrituras

Então disse Deus a Noé e a seus filhos, que estavam com ele:

"Vou estabelecer a minha aliança com vocês e com os seus futuros descendentes, e com todo ser vivo que está com vocês: as aves, os rebanhos domésticos e os animais selvagens, todos os que saíram da arca com vocês, todos os seres vivos da terra. Estabeleço uma aliança com vocês: Nunca mais será ceifada nenhuma forma de vida pelas águas de um dilúvio; nunca mais haverá dilúvio para destruir a terra".

E Deus prosseguiu: "Este é o sinal da aliança que estou fazendo entre mim e vocês e com todos os seres vivos que estão com vocês, para todas as gerações futuras:

o meu arco que coloquei nas nuvens. Será o sinal da minha aliança com a terra.

Quando eu trouxer nuvens sobre a terra e nelas aparecer o arco-íris, então me lembrarei da minha aliança com vocês e com os seres vivos de todas as espécies. Nunca mais as águas se tornarão um dilúvio para destruir toda forma de vida.

Toda vez que o arco-íris estiver nas nuvens, olharei para ele e me lembrarei da aliança eterna entre Deus e todos os seres vivos de todas as espécies que vivem na terra".

Concluindo, disse Deus a Noé: "Esse é o sinal da aliança que estabeleci entre mim e toda forma de vida que há sobre a terra". (Gn 9,11-22)

Por que a Arca de Noé e o Dilúvio são tidos como figuras da Igreja Católica e do Batismo?

Uma tartaruga pronta a voar para o céu.
Dilúvio, versão da neta Pietra Madza, 4 anos.

São Cipriano de Cartago e outros Santos Padres da Igreja primitiva acreditavam que fora da Igreja Católica não existe salvação, vale dizer, fora do "Reino de Deus". E quem se credencia ao reino de Deus? Todo aquele que ama, verdadeiramente.

Tomando a narrativa de Noé e o Dilúvio, poderíamos enxergar nela o negativo do filme do Paraíso terrestre, usando a mesma chave de leitura de frei Carlos Mesters. O hagiógrafo descreve em sua narrativa do Paraíso terrestre o sonho de uma humana beatitude que O Senhor Deus plantou na mente humana. Já no relato alegórico do Dilúvio temos o esboço de um projeto invertido: ou seja, a humanidade pecadora carrega sobre si aquela espada de Dêmocles que decepará a cabeça dos que transgredirem os comandos da Santa

Vontade do Pai celestial. Mas os que a acolherem, serão resgatados e preservados na segurança de uma barca providencial que aqui chamaremos de Reino de Deus!

Segundo pedagogo das lições do Mestre: Abraão: o humano se deifica pela fé

A analogia mais forte que ressalta, à primeira vista, é que a imagem do Reino de Deus que aí se nos apresenta é o que os escolásticos chamariam de Reino de Deus incoativo, isto é, iniciante, introdutório.

Como assim? Curiosamente, o evangelista mateus relata sete parábolas de Cristo ensinando-nos sobre o Reino de Deus. Cada uma delas é como um "flash" que o Mestre nos aponta para um dos múltiplos aspectos e dimensões do Reino de Deus.

E é interessante notar que logo após haver apresentado uma parábola ele nos dá a impressão de que não ficou satisfeito com o resultado, ao notar que conseguiu focalizar apenas determinado ângulo, aspecto ou predicado e logo acrescenta uma outra parábola apontando para outro ângulo ou colorido do Reino de Deus.

Assim, levando em conta a ótica hebraica que esse evangelista retrata ele ainda inclui, em nível subliminar, que o numero sete das parábolas deixa entrever que há uma demanda para a plenitude que seria o número oito, soma de quatro mais quatro: os quatro pontos cardeais, as quatro estações do ano, etc.

Vemos nos dois primeiros capítulos do Gênesis que Deus concluiu o mundo em sete dias e depois, isto é, no oitavo repousou. Asim, vemos que a planificação do mundo está no oitavo dia em que Deus repousou, tendo já entregue e confiado toda criação ao casal de jardineiros. Criados à imagem e semelhança do Criador, cabe-lhes levar avante a grande obra de arte estabelecida por Javeh Elohins.

Assim, como observamos no tema de Noé, a Aliança por Deus estabelecida é como que um contrato bilateral com responsabilidades bem definidas. A obra da criação e implantação do Reino de Deus está estabelecida e iniciada. Há, pois uma doação e uma condição. A vida de todos os seres vivos, de todo o Universo é uma doação, uma graça que, na condição de contrato, requer e supõe uma condição: administrar os bens e bênçãos com responsabilidade. E a responsabilidade decorre da confiança que o criador depositou nas criaturas humanas presenteadas e privilegiadas com o dom e a bênção da liberdade.

Recentemente o Santo Padre, Bento XVI nos advertiu para esse dom sublime e essa graça. Ao estabelecer-nos no gozo da liberdade contraímos com o Pai celestial o sublime dever de livre e prazerosamente reconhecermos e retribuirmos o sublime dom que recebemos!

Visitando as páginas das Sagradas Escrituras encontramos um personagem que, abstraindo sua dimensão histórica, tomado como uma figura e uma metáfora, aí encontramos o ensinamento de Deus: Abraão.

Abrão sintetiza e encarna em si o verdadeiro papel e missão do ser humano. Ser íntegro justo e fiel ao seu Deus. Já na moldura inicial de sua figura enxergamos seu perfil e sua estatura: "deixa a tua terra, tua parentela e vai para a terra que eu te mostrar!" (G 12,1ss).

Habitava uma região entre rios, Mesopotâmia e é desafiado a abandonar parente, terra boa de conforto e partir para o desconhecido. Só o idealista, movido pela fé ou um doido varrido faria isso. No entanto, é o que faz. Rompe a zona de conforto e parte para o desconhecido.

Ajustando nossas lentes à linguagem alegórica do beduíno, temos de nos indagar. O que o escritor sagrado pretende nos ensinar sob essas metáforas?!

E mais adiante já velho quando desfruta das delicias de ver seu jovem filho único, um desígnio superior o desafia: "Toma agora o teu filho, o teu único filho, Isaque, a quem amas, e vai-te à terra de Moriá, e oferece-o ali em holocausto sobre uma das montanhas, que eu te direi" único (Gn 22,1ss).

A tudo isso Abraão obedeceu sem pestanejar. "E, conduzindo-o fora, disse-lhe: "Levanta os olhos para os céus e conta as estrelas, se és capaz... Pois bem, ajuntou ele, assim será a tua descendência." 6.Abraão confiou no Senhor, e o Senhor lho imputou para justiça. 7.E disse-lhe: "Eu sou o Senhor que te fiz sair de Ur da Caldéia para dar-te esta terra." 8."O Senhor Javé, como poderei saber se a hei de possuir?" 9."Toma uma novilha de três anos, respondeu-lhe o Senhor, uma cabra de três anos, um cordeiro de três anos, uma rola e um pombinho." 10.Abraão tomou todos esses animais, e dividiu-os pelo meio, colocando suas metades uma defronte da outra; mas não cortou as aves. 11.Vieram as aves de rapina e atiraram-se sobre os cadáveres, mas Abraão as expulsou. 12.E eis que, ao pôr-do-sol, veio um profundo sono a Abraão, ao mesmo tempo que o assaltou um grande pavor, uma espessa escuridão. 13.O Senhor disse-lhe: "Sabe que teus descendentes habitarão como peregrinos uma terra que não é sua, e que nessa terra eles serão escravizados e oprimidos durante quatrocentos anos. 14. Mas eu julgarei também o povo ao qual estiverem sujeitos, e sairão em seguida dessa terra com grandes riquezas." (Gn 15)

Abraão é o modelo para que cada ser humano íntegro. Abraão é o nosso modelo para que depositemos em nosso Deus toda a nossa confiança e fidelidade do mesmo modo que ele depositou em nós sua confiança de sermos fiéis servidores e guardiões desse planeta.

Da mesma forma que Abraão, devemos confiar cegamente nas determinações da santa vontade do Pai celestial.

Essa obediência a Deus vivenciada e demonstrada em Abraão tem produzido uma influencia profunda em toda a tradição dos cristãos que perseguiram com determinação a via da santificação, inspirada em nosso pai Abraão. Todos os grandes místicos como Santa Tereza Dávila, São João da Cruz e santo Inácio de Loyola. Entre todos talvez Santo Inácio cultivando a disciplina da obediência em padrões militares tenha sido quem foi mais longe e mais fundo nesse tema. Vejamos.

A Obediência dos Jesuítas

Desde que de acordo com o Pe. Harvanek SJ, a prática jesuíta de obediência mudou após o Concílio Vaticano II, estamos principalmente preocupados com a forma como Santo Inácio compreendeu a obediência e sua prática ideal dentro dos jesuítas. Uma carta enviada ao jesuíta português, escrita por Santo Inácio em 1553, descreve em detalhes o ideal da perfeita obediência.

Esse tema da obediência ao superior é reforçado ao longo de toda a carta, com poucas ou nenhuma distinção sobre o conteúdo da ordem dada. Os jesuítas são exortados a humilhar-se obedecendo ao mínimo comando de seus superiores, a internalizar essa humildade e a desejar internamente nada além do desejado pelo superior.

Perto do final da carta, Santo Inácio de Loyola trata do conceito de "obediência cega" – que se retirado do contexto pode levar a uma enorme quantidade de problemas.

"O terceiro meio de submeter a compreensão, que é ainda mais fácil e mais segura, e em uso entre os Santos Padres, é pressupor e acreditar, muito como estamos acostumados a fazer em matéria de fé, que o que o superior ordena é a ordem de Deus nosso Senhor e Sua santa vontade. Então proceder cegamente, sem que haja prejuízo de qualquer espécie, à execução da ordem dada, com o impulso imediato da vontade em obedecer.

Portanto, devemos pensar o que fez Abraão quando lhe foi ordenado para que sacrificasse o seu filho Isaque [Gên. 22: 2-3]. Da mesma forma, sob a nova aliança, alguns dos santos Padres de quem se refere Cassiano, como o abade João, que não questionou se o que lhe fora ordenado era proveitoso ou não, quando com enorme trabalho ele regava uma vara seca durante o período de um ano. Ou se era possível ou não, quando tão fervorosamente ele tentou sob a ordem de seu superior mover uma pedra que um grande número de homens não teria sido capaz de mover.

Vemos que Deus, Nosso Senhor, por vezes confirma esse tipo de obediência com milagres, como quando Maurus, discípulo de São Bento, entrando em um lago sob a ordem de seu superior, não afundou. Ou, no caso de outro, a quem foi dito para trazer de volta uma leoa, tomou-a e trouxe-a até o seu superior. E tu estás familiarizado com os outros. O que quero dizer é que essa maneira de submeter o próprio julgamento, sem mais perquirição, supondo que a ordem é santa e em conformidade com a vontade de Deus, está em uso entre os santos e deve ser imitado por qualquer um que deseja obedecer perfeitamente em todas as coisas, onde manifestamente parece não haver pecado.

Se alguém lesse a carta, faltando ou descartando a sentença destacada, o mundo católico seria levado à ruína. Sem essa frase-chave, a Igreja seria levada a crer que tudo o que "o superior ordena é o mandamento de Deus nosso Senhor e Sua santa vontade".

Enquanto Santo Inácio difere com Santo Tomás quanto ao grau de virtude em simplesmente obedecer às ordens de um superior, eles concordam no elemento-chave: um mandamento pecaminoso não pode ser obedecido.

Abraão viu homens, anjos ou o próprio Deus?

Essa intrigante narrativa mítica é um dos paradigmas mais coloridos e instigantes das Sagradas Escrituras. Encontro aí um dos paradigmas mais ricos de polissemia, isto é significados diversos para a mesma coisa. A narrativa muito bem engendrada faz um capcioso trocadilho de significados diversos sob os mesmos vocábulos. À primeira vista, são apenas viajantes. Mas, logo a seguir, parecem saber de coisas que os humanos não podem saber. Seriam então anjos ou o próprio Deus?!

Não se pode dizer que tenha sido proposital, mas, diversos elementos da narrativa jogam com certa ambiguidade dos termos. A verdade é que temos aí uma narrativa que, à primeira vista, poderia ser uma simples crônica, mas que logo se percebe que o texto não dá para ser entendido no seu sentido literal mas mais no sentido alegórico. Poderíamos dizer que estamos diante de uma narrativa mítica. De fato, é da própria natureza da narrativa mítica, o discurso sem conexão lógica. É da própria natureza dessa linguagem o caráter vago, difuso e ambíguo. A fala soa como no discurso de um sonho. O todo da narrativa é tecido com simbolismos, metáforas e alegorias.

Vejamos. São apenas três viajantes? Ou poderiam ser anjos, porque, de fato, são portadores da grande notícia que um casal de velhos vai ter um filho? Ou seriam as três pessoas da Santíssima Trindade, como interpretam os teólogos da antiguidade? Reparando bem na estrutura da narrativa, podemos identificar três elementos distintos que poderíamos chamar também de discurso dialético, com três momentos diferentes e distintos. Podemos reconhecer aí uma tese, uma antítese e uma síntese.

Chamaria de tese Deus se apresentando a Abraão; a antítese é o sentido geral que justifica a narrativa, a mensagem que é levada por três viajantes. Na tradição bíblica, aqueles que transportam mensagem são chamados de anjo, de angellos, em grego.

Tomando as narrativas míticas em sua polissemia, fatos bíblicos como o descrito admitem transposições do seu contexto histórico para atualizações em nossa própria vida. Podemos faze-lo para muitos eventos de nossa vida.

Assim, quando estamos atravessando uma doença, ou um tanto confusos e perplexos diante de uma situação problema e uma pessoa, conhecida ou não, ouvindo-nos, faz um comentário que tem o condão de despertar em nós como que uma resposta à pergunta que estava nos incomodando. Às vezes até dizemos: mas você foi um anjo de Deus. Ou, mesmo, carregando determinado sofrimento e alguém nos fala ou comenta algo que cai em nossa mente como um bálsamo. Pensamos em nosso interior, é Deus que está me enviando um recado. Nessas ou noutras situações análogas temos a sensação de que aquele ser humano foi uma espécie de anjo de Deus, e, talvez, até o próprio Deus que nos acudiu.

Eu mesmo vivi uma experiência com muitas analogias a essa de Abraão. Passeando com os filhos ainda pequenos no Rio, numa bela praia do Rio decidi tomar um banho. Lá pelas tantas, fui surpreendido por uma corrente forte sacudida por ondas sucessivas. Cada vez que tentava respirar, as ondas cobriam-me impedindo-me absorver mais ar. Fui arrastado para profundidades que não me permitiam tomar pé em terra firme. Tentava flutuar mas mais ondas me sufocavam. De repente, tive a sensação de que estava nos limites da minha resistência. Já desesperado, devo ter gritado por socorro e de repente, do nada, me apareceram duas criaturas vigorosas que foram me amparando e incentivando até ver-me a salvo. Não me lembro de traço algum das feições dessas criaturas. Depois que me atirei exausto sobre as areias da praia, só me recordo de um belo iluminado sorriso de meu filho mais velho. Naquele instante, tive a clara sensação de quem por bem pouco quase não podia mais desfrutar daquele sorriso. Pensei logo: quantas pessoas, surpreendidos por ondas traiçoeiras também gritaram por socorro e não foram ouvidas e acabaram sucumbindo. Essa ponderação me deu a clara sensação de que Deus me abençoou e acudiu gratuitamente por sua inexplicável benevolência! Fui literalmente acudido por dois anjos.

Aqueles misteriosos hóspedes de Abraão recebem todo tratamento de um ser humano: têm os pés lavados; são acudidos com farta alimentação, na verdade, um lauto banquete, constituído de coalhada, leite, pão e carne de vitela. Em determinado nível da narrativa, entendemos que se trata de dois viajantes. Mas são misteriosos viajantes. Por um lado, são humanos porque ceiam com Abraão. Mas são também divinos porque anunciam que o casal Abraão e Sara, embora em idade avançada, logo conceberão um filho.

Essa narrativa é muito estranha para a cabeça de um hebreu do pós-exílio. Para esses, a unicidade de Deus é tão rigorosa e estrita que eles nem admitem pronunciar as letras do tetragrama sagrado: I H V H.

Para os judeus, a unicidade de Deus é absoluta. Assim, essa antiga narrativa seria inadmissível para um judeu piedoso como Abraão.

Examinando os elementos da ambiguidade. Ao se prostrar, estaria apenas demonstrando essa reverência sagrada ao seu hóspede. Mas também na tradição religiosa de um beduíno, a única postura adequada na presença de Deus é prostrar-se por terra.

Na rigorosa teologia pós-exílica, Deus não tem forma humana e também não come. Mas Abraão não ceia com eles. Permanece de pé a serviço deles. Assim, a aparente ambiguidade – homem ou Deus, na alegoria da linguagem mítica, temos, na verdade, a proclamação de uma surpreendente verdade religiosa, para aqueles que têm fé:

As realidades humanas não são ambíguas mas ambivalentes ou se se preferir, polissêmica. Um sentido aparente encerra e envolve outras significações. Pois é exatamente isto que encontramos na fala de Cristo, no cenário do Juízo Final: "Todas as vezes que fizestes isto as um desses pequenos foi a mim mesmo que o fizeste!".

Mas, se fossem apenas viajantes, como poderiam garantir o absurdo de um velho casal humano ainda poder ter um filho?

Casa paterna, moradia filhos e netos.
Desenho do neto Pedro Miguel.

O insolente "diálogo" de Abraão: – artimanhas de um beduíno!

E chegou-se Abraão, dizendo: Destruirás também o justo com o ímpio?

Se porventura houver cinqüenta justos na cidade, destruirás também, e não pouparás o lugar por causa dos cinqüenta justos que estão dentro dela?

Longe de ti que faças tal coisa, que mates o justo com o ímpio; que o justo seja como o ímpio, longe de ti. Não faria justiça o Juiz de toda a terra?

Então disse o Senhor: Se eu em Sodoma achar cinqüenta justos dentro da cidade, pouparei a todo o lugar por amor deles.

E respondeu Abraão dizendo: Eis que agora me atrevi a falar ao Senhor, ainda que sou pó e cinza.

Se porventura de cinqüenta justos faltarem cinco, destruirás por aqueles cinco toda a cidade? E disse: Não a destruirei, se eu achar ali quarenta e cinco.

E continuou ainda a falar-lhe, e disse: Se porventura se acharem ali quarenta? E disse: Não o farei por amor dos quarenta.

Disse mais: Ora, não se ire o Senhor, se eu ainda falar: Se porventura se acharem ali trinta? E disse: Não o farei se achar ali trinta.

E disse: Eis que agora me atrevi a falar ao Senhor: Se porventura se acharem ali vinte? E disse: Não a destruirei por amor dos vinte.

Disse mais: Ora, não se ire o Senhor, que ainda só mais esta vez falo: Se porventura se acharem ali dez? E disse: Não a destruirei por amor dos dez.

E retirou-se o Senhor, quando acabou de falar a Abraão; e Abraão tornou-se ao seu lugar. (Gn 18, 23 ss).

Por que Abraão se mostra tão "insolente para com o Senhor Deus?!

Nos limites da cultura de beduíno, os termos do diálogo de Abraão com Deus são estritamente respeitosos. Para aquele que passa a maior parte de seus dias sem companhia e quase sem vida social, alongar uma conversa em torno de uma negociação é a parte mais importante da própria negociação. Concluir logo uma conversa de negociação, pelo contrário, é que é falta de respeito e consideração para com seu parceiro!

O detalhe mais relevante aqui é que, pela lucidez de sua fé, Abraão, tem clareza de que ele, Abraão como simples criatura humana, acha-se em total desvantagem frente ao Senhor Deus o sublime Senhor e dominador de todas as coisas! O beduíno, por estar ciente de não passar de simples criatura humana, só tem alguma chance de algum sucesso se estiver determinado a uma "boa briga!". Na sua escala de valores, só uma boa briga tem chance de algum sucesso.

O objetivo da briga é extrair do seu oponente, o Ser divino, aquela porção divina de que necessita para sua sobrevivência, com qualidade de vida! Foi exatamente isso que observamos na história de Jacó, cognominado Israel, aquele que luta com Deus, tem verdadeira obsessão pela bênção das primícias que a tradição da tribo reserva para o primogênito. Não se conformando em ficar desguarnecido da bênção que o qualificaria melhor para a vida, trapaceia seu irmão.

O que Jacó tem a ver com o Reino de Deus ?

Jacó adormece e avista uma escada que se eleva ao céu.
Desenho Giulia Assumpção Aires.

Encontramos no livro de *Gênesis*, capítulo 28, uma narrativa mítica, que, com a riqueza de suas alegorias, diríamos que esboça vários predicados do anteprojeto do Reino de Deus a ser inaugurado e instaurado por Jesus Cristo.

Em sonho, fugindo da ira de seu irmão Esaú que tapeara, Jacó, adormecendo, reclinado sobre uma pedra, enxerga uma escada que vai da terra ao céu e por onde anjos sobem e descem.

Os teólogos biblistas enxergam nessa escada uma prefiguração de Jesus Cristo, espécie de escada de comunicação direta entre a terra e o céu.

Todos sonhamos com uma escada de Jacó

> E Jacó ficou sozinho. Então veio um homem que se pôs a lutar com ele até o amanhecer.
>
> Quando o homem viu que não poderia dominá-lo, tocou na articulação da coxa de Jacó, de forma que lhe deslocou a coxa, enquanto lutavam.
>
> Então o homem disse: "Deixe-me ir, pois o dia já desponta". Mas Jacó lhe respondeu: "Não te deixarei ir, a não ser que me abençoes".
>
> O homem lhe perguntou: "Qual é o seu nome? " "Jacó", respondeu ele.
>
> Então disse o homem: "Seu nome não será mais Jacó, mas sim Israel, porque você lutou com Deus e com homens e venceu".
>
> Prosseguiu Jacó: "Peço-te que digas o teu nome". Mas ele respondeu: "Por que pergunta o meu nome? " E o abençoou ali.
>
> Jacó chamou àquele lugar Peniel, pois disse: "Vi a Deus face a face e, todavia, minha vida foi poupada".
>
> Ao nascer do sol atravessou Peniel, mancando por causa da coxa.
>
> Por isso, até o dia de hoje, os israelitas não comem o músculo ligado à articulação do quadril, porque nesse músculo Jacó foi ferido. (Gn 32,25-29).

Alegorias do Reino de Deus na escada de Jacó

Jacó, porém, ainda não entendia as particularidades do Deus invisível. Ele vê a figuração da matéria como se fosse algo concreto e tangível. Entretanto todas aquelas visões eram símbolos ou sombras, figuras das coisas futuras que aconteceriam ou estavam no plano espiritual.

Aí Jacó unge a pedra onde dormiu, e chama o lugar de temível, casa de Deus. Mas ele ainda não entendia que lugar temível é o próprio coração humano. "O Deus que fez o mundo e tudo que nele há, sendo Senhor do céu e da terra, não habita em templos feitos por mãos de homens" (At 17,24).

A casa de Deus é o próprio ser humano. Jacó olhava e não conseguiu discernir que o reino de Deus era ele mesmo. Ele era o próprio templo de Deus. Nós somos templos de Deus, porque Deus não habita em templos de pedras ou tijolos.

"E, interrogado pelos fariseus sobre quando havia de vir o reino de Deus, respondeu-lhes, e disse: O reino de Deus não vem com aparência exterior. Nem dirão: Ei-lo aqui, ou: Ei-lo ali; porque eis que o reino de Deus está dentro de vós" (Lucas 17,20-21).

Não espere que você melhore, não espere que você mesmo se justifique. Aceite a graça do pai. Lembre-se de que a graça de Deus foi derramada com amor sobre todos os homens. Esse amor é tão grande e profundo que se doou a si mesmo, sendo esmagado na cruz, fazendo de simples pecadores, herdeiros de Deus.

Esaú e Jacó e suas alegorias no Reino de Deus

Esaú, em sua força física, em seu vigor natural, tornou-se habilidoso caçador. Caçar em uma região desértica exigia muita robustez física e mental. Suportar o calor do dia e o frio da noite. Vencer a solidão de imensas áreas vazias em busca do alimento.

Dessa forma, Esaú sente-se poderoso na sua cultura. Não dependia de ninguém. Acostumado a caçar e pegar o que necessitava. Em sua força, quanto mais forte, mais incrédulo tornava-se. Quanto mais habilidoso, mais desprezava a espiritualidade de um Deus invisível, intangível, intocável.

Esse traço da personalidade de Esaú torna-se evidente, no episódio em que retornando um dia sem nada de sua caçada, esbarra em seu irmão Jacó que dedicando– se à agricultura degustava um delicioso prato de lentilhas.Faminto, aceitou trocar o prato de lentilhas pelo direito às bênçãos da primogenitura que lhe cabiam como irmão mais velho.

Ele passou a confiar na força do seu braço, produto do seu conhecimento. Não cria no Deus que não se podia ver. E essa incredulidade é confirmada pelo seu casamento com a mulher heteia, adoradora de astarote, e isso foi para Isaque e Rebeca como uma "amargura de espírito". E, por isso, por depositar sua confiança em si mesmo, ele foi rejeitado por Deus.

Jacó, porém, era franzino. Jacó era mais delicado. Voltado para sua mãe e para os afazeres domésticos. Não tinha a robustez e o vigor físico de seu irmão mais velho. Muito menos a sua habilidade na caça. Era considerado mais fraco, mais dependente. A figura do guerreiro valente, do caçador voraz, do conquistador por suas habilidades e conotações físicas era dominante naquela sociedade.

Se vista dessa perspectiva humana, Esaú casado com uma filha dos povos daquela região, se preparava para herdar também os bens de seu pai Isaque e se tornar senhor de tudo. Jacó porém na sua fraqueza, na sua incapacidade, crê nas histórias do Deus de Abraão que já começam a fazer sentido, aliar-se a um Deus que socorre aos menos favorecidos.

Mas ele recorre ao engano e à trapaça para se favorecer. Roubando assim a benção que seu irmão havia desprezado. Seu nome toma assim uma conotação de "enganador" e ele tem que fugir da ira de Esaú.

Olhando a história de Jacó, até esse ponto, nada de bonito, nada de extraordinário, nada de especial encontramos para que justificasse a afirmação de Deus "amei a Jacó e aborreci a Esaú" (Rm 9,13). Em Abraão ao menos, vemos Deus se aproximando de um homem de Fé. Por isso foi chamado o pai da fé. Em Jacó no entanto, vemos fraqueza, dependência, engano e trapaça. Qual a razão então para o Deus perfeito se aproximar de um homem com tantas imperfeições?

Aí vemos que Jacó é a não razão para que Deus dele aproxime-se e, ao mesmo tempo, a própria razão dessa aproximação. Porque, se em Abraão Deus faz aliança com um homem de fé e caráter, em Jacó Deus, movido pela graça, transforma um homem ainda pecador, cheio de fraquezas e imperfeições.

Em Jacó a Graça de Deus começa a ser manifestada.

"Mas Deus prova o seu amor para conosco, em que Cristo morreu por nós, sendo nós ainda pecadores". (Rm 5,8). Em Jacó Deus começa a revelar seus planos de graça e misericórdia. Assim tendo Jacó andado cerca de 100 km, na altura de Betel, a caminho da casa de seu tio Labão, irmão de sua mãe, dorme sobre uma pedra e tem um sonho da visão de uma escada, onde os anjos desciam e subiam, do céu à Terra.

Esaú e Jacó: analogias e precursores do Mestre, o Reino de Deus

Esaú e Jacó representam na alegoria bíblica protótipos, de dois povos antagônicos. Na mitologia grega, esses dois povos eram os deuses e semideuses que se antagonizavam. Na narrativa bíblica, os filhos mais velhos herdavam a bênção da primogenitura. Amparados pela foça dessa benção os filhos mais velhos estariam mais preparados e protegidos por Deus.

Sabedor disso, Jacó, para não ficar em desvantagem, por duas vezes trapaceou seu irmão mais velho e roubou-lhe a benção da primogenitura.

Eis os termos dessa benção, extorquida pelo irmão mais novo:

> [...] que Deus lhe dê o orvalho do céu; que os seus campos produzam boas colheitas e fartura de trigo e vinho. Que nações sejam dominadas por você, e que você seja respeitado pelos povos. Que você mande nos seus parentes, e que os descendentes da sua mãe o tratem com respeito. Malditos sejam aqueles que o amaldiçoarem, e que sejam abençoados os que o abençoarem! (Gn 27, 27-30)

Vemos, assim, que há uma perfeita analogia entre a cultura grega e a hebreia. Esaú e Jacó correspondem aos irmãos Prometeu e Epimeteu. Prometeu significa pensar antes e Epimeteu pensar depois.

Ao mesmo tempo, dentro da ambiguidade da linguagem simbólica, na cultura grega, de cunho politeísta, os irmãos Prometeu e Epimeteu são semideuses em conflito com os deuses. Sendo Prometeu o mais esperto é ele que enfrenta os deuses, buscando sempre trapaceá-los. De alguma forma, também podemos enxergar na cultura hebreia os seres humanos num eterno conflito com Deus. Sempre em desvantagem, mas sempre buscando obter ou extrair vantagens do Senhor Deus.

Já na narrativa bíblica, o irmão mais velho, ao receber a "bênção da primogenitura" adquire um status superior, com mais vantagens para sair vitorioso nas adversidades. Era como se o amparado pela bênção, se tornasse um semideus enquanto o que não a tem fica num nível inferior da humanidade.

Quarto pedagogo, precursor do Mestre, Moisés, o erudito e improvável líder dos hebreus

Para Blaise Pascal, matemático, físico, inventor, filósofo e teólogo católico francês o ser humano não passa de "um caniço pensante". Assim sendo, nosso itinerário é pautado pelo conhecimento. Segundo aquele gênio francês

> O homem não passa de um caniço, o mais fraco da natureza. Mas é um caniço pensante. Não é preciso que o universo inteiro se arme para esmagá-lo: um vapor, uma gota de água, bastam para matá-lo. Mas, mesmo que o universo o esmagasse, o homem seria mais nobre do que quem o mata, porque sabe que morre e a vantagem que o universo tem sobre ele; o universo desconhece tudo isso. (Blaise Pascal)

Nessa ótica, podemos enxergar o ser humano como esse "caniço pensante" que, pela fé, sabe de onde vem e para onde vai. Poderíamos entender e dizer que o conhecimento, essa fome insaciável do Absoluto, é o anzol que o bom Deus usa para nos fisgar e impulsionar para seu regaço, seu Reino, seu senhorio, a plenitude da paz e da justiça, definidos na cultura hebreia como o "shalom", como a plenitude da realização do ser humano, o que, na tradição cristã, chamamos Céu!

Simplificando, podemos dizer que, na cultura hebréia, a Bíblia, também chamada Sagradas Escrituras é um repertório do conhecimento de Deus! É uma cartilha que aponta para o chamado Reino de

Deus, isto é, o espaço da plenitude e da planificação do ser humano, feito à imagem e semelhança do Senhor Deus!

Numa visão panorâmica da Bíblia, podemos enxergar esse itinerário nas suas três etapas do conhecimento apontadas por Jean Piaget: sincrético, analítico e sintético.

Se fôssemos definir e sintetizar a Bíblia, Cartilha do Reino de Deus, num substantivo e expressá-lo numa alegoria, essa seria, certamente, o enigmático personagem bíblico, Elias arrebatado numa fulgurante carruagem de fogo. Não é à toa que Jesus, no seu derradeiro suspiro na cruz, sussurra: -"Eli, Eli, lama sabactani", que os atônitos soldados romanos interpretaram: ele clama por Elias!

Assim, tomando aquela chave de leitura e aplicando nas narrativas que nos apresentam o profeta Elias, podemos reconhecer e interpretar aquelas três etapas do conhecimento humano.

Vejamos. O que Piaget chama de sincrético ocorre na vida desse profeta quando ele constata que a idolatria tomou conta de todas as cabeças e corações dos israelitas e que ele, Elias, é o único profeta remanescente do culto monoteísta de Javé.

Diante dessa realidade, Elias, em seu diálogo com seu Deus, teve seu *insight*. Desafiou os 400 profetas do culto de Baal para um duelo de fé. Sua proposta: o profeta que, do nada tirasse fogo para consumir um touro sacrificado aquele seria o verdadeiro profeta do verdadeiro Deus.

Elias ganhou a aposta e cobrou a eliminação de todos os seus opositores. Mas surgiu a reação com a mesma intensidade da violência que praticara. Passado o breve momento de exaltação, pelo aparente sucesso, cai sobre a pessoa do profeta todo o peso da ira que ele despertara ao passar a fio de espada todos os profetas de Baal. Ocorre, então, o segundo momento do processo de revelação, o analítico, em que o profeta se dá conta das graves consequências de seu ato violento e desastroso: perigo de morte; isolamento; solidão, angústia etc.

O sintético a que se refere Piaget ocorre quando o profeta, agasalhado no interior da caverna, aguardava a manifestação de Deus. Deus não estava no vento furioso, nem na tempestade, nem no furacão, mas na suave brisa. A mesma brisa que visitava Adão e Eva no paraíso terrestre.

Trocando em miúdos a alegoria

Enquanto um ser humano possui 5 milhões de células olfativas, um cão possui 200 milhões dessas células. Um elefante supera-nos muito na acuidade auditiva e na longevidade de memória. Assim, a dignidade da perfeição do ser humano não se entende nem faz sentido por um confronto individual com cada um dos seres vivos. Pelo contrário, isoladamente, o ser humano não faz sentido algum já que confrontando os cinco sentidos comuns são superados, de longe, por cada um deles.

O seu diferencial superior não está no que tem a menos, mas no que tem a mais: o traço de semelhança que ostenta com o Altíssimo e que nenhum dos outros seres possui: ser semelhante a Deus, a Liberdade. O dom da liberdade enquanto capacidade infinita de se superar e de transcender a si mesmo.

Desprovido dessa singela, mas fabulosa condição de superar-se, transcender, quase ao infinito, o ser humano é o único ser criado que carrega em suas entranhas o dom de expandir ao infinito seus próprios limites, todos os dias.

Embora todos os demais seres criados tragam, já ao nascer, alguns dons singulares que, em muito supera o ser humano, entretanto, são constituídos num patamar que nunca poderão ultrapassar.

Já nas primeiras páginas do *Gêneses,* lemos que, ao findar sua ciclópica obra criadora, embevecido em repousante êxtase, O Pai eterno constatou que todas as coisas criadas eram boas, muito boas.

Mas ao ser humano Deus situou no jardim da liberdade e apontou dois rumos, dois caminhos. O caminho da vida de similitude definitiva com Deus que é o reino da partilha e da solidariedade. Ou seja o caminho de integração com o Reino de Deus ou o caminha da integração com o reino de Satã que é o reino da autocomplacência, o individualismo estéril e solitário. Aqui vale a pena evocar a grande tese esboçada no clássico e inesquecível romance de Georges Bernanos, "Sob o sol de Satan".

"O homem é um aprendiz e a dor é sua mestra!" (Alfred de Musset)

Recentemente, o papa teólogo, Joseph Ratzinger, ponderou que o que confere a exclusiva nobreza do ser humano é a sua condição de ser livre.

Por outro lado, a antropologia de Santo Tomas de Aquino conceitua o indivíduo humano como um único no universo no sentido de que, com os predicados de ser humano, não existem dois indivíduos exatamente iguais. Pois, segundo a teoria do hileformismo (matéria/forma) que esse teólogo emprestou de Aristoteles, o que dá a forma humana, ou seja, o constitutivo específico de sua natureza e perfeição é a alma racional, espiritual e imortal, única, criada para cada indivíduo humano. E, assim como para cada fechadura há sua chave exclusiva, cada ser humano recebe uma única e exclusiva alma, racional e imortal. E sua condição de liberdade exige que a proposta, o projeto, o programa inserido em cada uma eh o único. E, se convertermos esse conceito para a linguagem da informática, diríamos que a parte material do indivíduo, seu hardware pode até se assemelhar ou repetir, no caso dos gêmeos univitelinos, contudo a mente criadora de Deus concebeu um *software*, programa personalizado, único e irrepetível para cada indivíduo. O supremo arbítrio da liberdade divina exige que cada ser humano seja o único, a estrela única concebida e projetada para integrar o concerto, a sinfonia que a mente divina projetou para entoar nas galáxias sua canção de amor e ternura!

E sabemos que as maravilhas da sinfonia do universo, resultam basicamente, do jogo e combinação do binômio estrutural da energia da vida; o mais e o menos; positivo e negativo; a afirmação e a negação; o som e o silêncio!

Dentro dessa lógica, vemos que beleza e perfeição se alimentam dos seus contrários. E é no jogo do conflito e dos contrários que a vida e a beleza realçam e sobressaem!

Identificamos a figura de Moisés, como arquétipo da Liberdade. Desde o início de sua vida, Moisés aparece lutando pela liberdade. Pois, quando nasceu estava em vigor a lei que "O rei do Egito ordenou às parteiras dos hebreus, que se chamavam Sifrá e Puá:

"Quando vocês ajudarem as hebréias a dar à luz, verifiquem se é menino. Se for, matem-no; se for menina, deixem-na viver".

Todavia as parteiras temeram a Deus e não obedeceram às ordens do rei do Egito; deixaram viver os meninos.

Então o rei do Egito convocou as parteiras e lhes perguntou: "Por que vocês fizeram isso? Por que deixaram viver os meninos?

Responderam as parteiras do faraó: "As mulheres hebréias não são como as egípcias. São cheias de vigor e dão à luz antes de chegarem as parteiras".(Ex 1,15)

Deus foi bondoso com as parteiras; e o povo ia se tornando ainda mais numeroso, cada vez mais forte.

Visto que as parteiras temeram a Deus, ele concedeu-lhes que tivessem suas próprias famílias.

Por isso o faraó ordenou a todo o seu povo: "Lancem ao Nilo todo menino recém-nascido, mas deixem viver." (Êxodo 1,15-22).

Sua astuciosa mãe, por Deus inspirada, livrou Moisés da morte, primeiro ajudada pelas corajosas parteiras hebreias, segundo, colocando-o no cestinho que acabou levando-o à liberdade. É exatamente isto que lemos no profeta Isaías: "Desde o seio materno o Senhor me chamou; desde o ventre de minha mãe já sabia meu nome." (Is 49,1).

Agora que a narrativa da história de Moisés já transcorreu, é fácil para nós verificarmos como de fato Deus como que programou a trajetória de Moisés, qualificando-o, desde o início, para a missão a que estava destinado. Deus determina que Moises seja muito bem instruído na corte de faraó. E convivendo ali, saiba com pensam os egípcios. Ao absorver toda sistemática de uma sociedade bem organizada e de muito sucesso, Moises se qualifica para, absorvendo os valores positivos daquela sociedade, organizar também um povo nômade numa comunidade organizada e disciplinada.

De certa forma, poderíamos dizer que o bem sucedido modelo de sociedade egípcia é o "tubo de ensaio" de um novo modelo de sociedade que tenha Deus como seu eixo principal. A sociedade egípcia divinizava só a pessoa do Faraó, o reino de Deus anunciado e instaurado por Jesus, diviniza todos os seres humanos. Foi o próprio Jesus no evangelho de João, recordando o versículo seis do salmo oitenta e dois: "vós sois deuses?"

Vejamos o Salmo 82. A palavra hebraica traduzida "deuses" em Salmos 82,6 é "Elohim". Ela geralmente refere-se ao único Deus, mas também tem outros usos.

Esse uso da palavra "deuses" para se referir a humanos é rara, mas é encontrada em outro lugar no Antigo Testamento.

Jesus tinha acabado de clamar que era o Filho de Deus (João 10, 25-30). Em retorno, os judeus incrédulos acusaram Jesus de blasfêmia, uma vez que Ele alegou ser Deus (versículo 33). Jesus, então, cita Salmo 82,6, lembrando os judeus de que a lei refere-se a homens comuns – embora homens de autoridade e prestígio – como "deuses". O objetivo de Jesus é este: você me acusam de blasfêmia por causa do meu uso do título "Filho de Deus"; mas sua própria Escritura utiliza esse mesmo termo para líderes em geral. Se aqueles nomeados divinamente para ocupar uma posição de autoridade podem ser considerados "deuses", quanto mais deve ser assim considerado o Único a quem Deus escolheu e enviou (versículos (Jo 14, 34-36)?

Concluindo: Deus introduz Moises numa elite refinada para ter um modelo a partir do qual organizaria uma sociedade dos filhos de Deus, o Reino de Deus entre nós. Assim, de alguma forma, podemos dizer que Moisés recebeu a missão de ensaiar um modelo de comunidade de filhos de Deus.

Reconstituindo a trajetória da pedagogia de Deus, podemos afirmar: O Egito é o "tubo de ensaio" do povo escolhido de Deus, Israel, e este é também o "tubo de ensaio" do Reino de Deus que o novo Moisés, Cristo veio anunciar e implantar!

E foi o próprio Jesus que apontou como sua principal missão, libertar os "degredados filhos de Eva", da mesma forma que Moisés recebera a incumbência de romper as amarras da escravidão do Egito. "Dirigiu-se a Nazaré, onde se havia criado. Entrou na sinagoga em dia de sábado, segundo o seu costume, e levantou-se para ler."(Lc 4,16).

Quinto pedagogo das lições do Mestre: Elias, discipulado das contradições

Além de todos os predicados descritos que já justificam minha escolha de Elias como o quinto pedagogo do Mestre, devo incluir mais um de caráter pessoal. E que, como diria Castro Alves, "por uma fatalidade, dessas que dessem do além", (Vozes d'África) como esclareço noutra passagem desse livro, devo meu despertar dogmático, a um discípulo do profeta Elias, frei Carlos Mesters, membro da congregação católica de religiosos denominada carmelitas. E, como se notará no texto a seguir, o monte Carmelo foi onde o profeta Elias teve também seu despertar do sono dogmático. Rogo que o leitor identifique essa situação no histórico descrito.

A pessoa e a figura do profeta Elias ocupam um lugar de alto relevo tanto no judaísmo como no cristianismo e no *islamismo.*

> Talvez por causa do uso cristão de associações *messiânicas* de Elias, este aspecto diminui mais tarde na tradição judaica, embora o profeta continua a ser uma figura popular da lenda. Muitos de seus traços refletem a influência das histórias em 1 Reis 17. Ele combate os males sociais por cuidar dos pobres e pela punição dos injustos. Ele *é* identificado com o "judeu errante" do folclore medieval, e um lugar *é* sempre definido para ele na mesa Seder.
>
> Elias deixou uma impressão na tradição islâmica também. O Alcorão apresenta Elias entre os "justos" (Sura 8:85), e recorda a sua missão como um adversário ferrenho do culto de Baal (Sura 37:123-130).
>
> Elias na tradição cristã. O NT evoca a figura de Elias em uma variedade de contextos diferentes.

No cristianismo, o Novo Testamento descreve como tanto Jesus quanto João Batista foram comparados com Elias e, em determinadas ocasiões, tidos como manifestações dele; além disso, Elias aparece, juntamente a Moisés, durante a transfiguração de Jesus.

No islamismo, o Corão descreve Elias como um profeta grande e justo de Deus, que pregou intensamente contra o culto a Ba'al.

Elias também é uma figura importante em diversas tradições folclóricas cristãs, muitas vezes, identificado com deuses pagãos relacionados ao trovão.

O desafio feito por Elias, característico de seu comportamento em outros episódios de sua história, tal como narrada na Bíblia, é ousado e direto. Baal era o deus canaanita responsável pela chuva, pelo trovão, pelo relâmpago e pelo orvalho. Elias desafia não só Baal, para defender seu próprio Deus, Javé, mas também Jezabel, seus sacerdotes, Acab e o povo de Israel.

Quando Acab confronta Elias, ele refere-se a ele como "o perturbador de Israel". Elias responde devolvendo a acusação a Acab, afirmando que ele é que teria perturbado Israel ao permitir o culto a falsos deuses. Elias então repreende tanto o povo de Israel quanto Acab por tolerar o culto a Baal. "Até quando claudicareis dos dois pés? Se o Senhor é Deus, segui-o, mas se é Baal, segui a Baal!" (Primeiro Livro dos Reis, 18:21). "O povo nada respondeu." O termo hebraico traduzido como o verbo "claudicar" é o mesmo utilizado para "dançar" no versículo 26, utilizado para descrever a dança frenética dos profetas de Baal; Elias fala com uma ironia afiada: Israel, ao se envolver nessa ambivalência religiosa, estaria tomando parte numa "dança" religiosa fútil e selvagem.

"Nesse ponto, Elias propõe um teste direto dos poderes de Baal e Javé. O povo de Israel, 450 profetas de Baal e 400 profetas de Aserá são convocados ao Monte Carmel. Lá, dois altares são erguidos, um para Baal e um para Javé, sobre os quais madeira é colocada. Dois bois são sacrificados e cortados em pedaços, que são colocados sobre a madeira. Elias pede então aos sacerdotes de Baal que orem para que o fogo acenda sob o sacrifício; eles oram de manhã até o meio-dia, sem sucesso. Elias ridiculariza seus esforços, e eles respondem cortando a si mesmos e derramando seu próprio sangue sobre o sacrifício (a mutilação do próprio corpo era estritamente proibida pela lei mosaica). Os sacerdotes continuam a orar até o anoitecer, sem sucesso.

Elias ordena então que o altar de Javé seja encharcado com a água de quatro jarras grandes, derramadas por três vezes (Reis 18:33-34), ele pede a Deus que aceite o sacrifício. O fogo do Senhor desce do céu, consumindo a água, o sacrifício e as pedras do altar. Elias aproveita-se da situação e ordena a morte dos sacerdotes de Baal, e em seguida, ora com furor para que a chuva volte a cair sobre a terra – o que acontece, simbolizando o fim da fome."

2

Experiências cristãs à sombra das contradições

Na história das diversas experiências místicas cristãs, encontramos inúmeros que poderíamos dizer estarem inspiradas ou motivadas por essa estranha mística do "Servo Sofredor" das contradições.

A cultura dos hebreus não apreciava as elucubrações filosóficas, abstratas. Preferem e exercitam o pragmatismo. Assim, os sábios rabinos, mestres pedagogos da antiga aliança, nunca faziam dissertações sobre temas Morais de caráter religioso. Em vez disso, recorriam sempre ao gênero literário denominado, Midraxe. Nesse modelo, o ensinamento moral ou religioso era sempre embutido numa narrativa prática, concreta, a exemplo do que ocorre em nossa vida. Noutro momento desse texto, esse tema está detalhadamente desenvolvido e demonstrado.

Assim, nesse modelo, encontramos os capítulos 40-55 do profeta Isaías. Quase mil anos antes de Cristo, esse profeta hebreu descreve, em espantosos detalhes, inúmeras passagens da vida de Cristo. Detalhes tão peculiares que só um verdadeiro testemunho dos fatos poderia descrever.

Nesse painel, ressalta, em clareza meridiana, que o grande líder e poderoso libertador do povo hebreu e de todas as nações e, incompreensivelmente, um ser aniquilado, humilhado e esmagadoa pelas injustiças e perversidade humana. Isso, como não poderia deixar de ser, impressionou e marcou profundamente grandes místicos e pesquisadores religiosos.

Assim, só para não falar apenas de teólogos e santos católicos como São Francisco de Assis e Santo Inácio de Loyola ou mesmo São João da Cruz e Santa Tereza d'Avila, destacamos o escritor Russo, Tolstoi, em Ressurreição, ou a imortal obra o Recrucificado grego, Nikos Kazantzakis, ou ainda o inesquecível romance de Georges Bernanos, Sob o sol de satanan ou mesmo o pungente drama de *Os Miseráveis* de Victor Hugo.

Em tempos mais recentes temos o ex-militar francês, Charles de Foucauld. Esse abnegado místico francês, depois de abraçar a vida contemplativa e de oração, foi viver entre beduínos, no deserto do Saara. Mas não foi pregar ostensivamente nenhuma doutrina nem fazer nenhum proselitismo religioso. Envergando vestes de indigente, trabalhava como jardineiro para ganhar o pão de cada dia. Esse escondimento que valoriza o testemunho dos atos mais que a estridência dos alto-falantes lembram bem as palavras do servo de Jave:

> Eis aqui o meu servo, a quem sustenho, o meu eleito, em quem se apraz a minha alma; pus o meu espírito sobre ele; ele... não clamará, não se exaltará, nem fará ouvir a sua voz na praça.
>
> A cana trilhada não quebrará, nem apagará o pavio que fumega; com verdade trará justiça. (Isaías 42,1-3)

Seu lema de vida era: "Fazemos o bem, não pelo que dizemos e fazemos, mas pelo que somos, pela graça que acompanha as nossas ações, pelo caminho que Jesus vive dentro de nós, pela maneira que nossas ações são as ações de Jesus, que trabalha através de nós."

Aí está um programa e um caminho de vida. Mas, se focamos nosso olhar espiritual para a outra proclamação do poema: "Ele não apagará a mecha que ainda fumega nem romperá a cana fendida," (Mt 12, 20) aí pode encontrar um poderoso objetivo de vida: A compaixão e a misericórdia. Analisando essa proposta, recordaremos-nos logo daquela recomendação de Jesus aos discípulos que bem combina com essa atitude compassiva e paciente do Servo Sofredor. Trata-se da parábola do joio e do trigo. Quando os discípulos indagam porque não extirpar logo a cizânia que nasce junto ao trigo, o Mestre, benevolente e misericordioso, logo adverte: Como a cizânia se parece muito com o trigo, pode ser que junto a ela se arranque também a boa semente. "Deixai-os crescer juntos até o dia da colheita". (Mt 13,24-30)

Deus se compraz e se revela nas contradições

Nosso Deus sabe extrair beleza do caos!
Desenho Giulia, aos 4 anos

Temos a impressão de que Deus se compraz no antagonismo e nos conflitos. Parece que é no cerne do conflito, do contraste e contradição que Deus se revela e se manifesta. Assim, faz todo sentido a teoria cientifica de que todo o Universo resultou de uma grande explosão de um átomo originário.

Nas primeiras páginas do Gênesis lemos: "O Espírito de Deus pairava sobre o abismo." (Gn 1,1) Algumas versões preferem em vez de abismo, caos. Numa bela versão da Biblia, editada na Inglaterra e transliterada *The Living Bible Paraphrased* diz que-se "o Espírito de Deus chocava sobre o abismo". Temos aí a bela imagem de um Deus amoroso que gera e produz a vida como a galinha ou a ave que choca os pintinhos.

"Jerusalém, Jerusalém, quantas vezes eu quis reunir os teus filhos como a galinha reúne os pintinhos sob as asas" (Mt 23,37)

Nesse sentido, é muito significativo aquele episódio da sarça ardente, onde Moises teve seu primeiro confronto com Deus. O arbusto ardia, mas não se consumia. Por isso, o apostolo Paulo afirmava: é na fraqueza que sou forte (2 Coríntios 12).

No próprio casal humano temos uma evidência disso. Intriga-me, por demais, notar que, dominantemente, o homem é estrutural e fisicamente mais musculoso sempre maior, mais volumoso e aparentemente mais forte. No entanto, numa situação de sofrimento e dor a mulher mostra-se muito mais forte e equipada para enfrentar obstáculos, provações e dificuldades.

Não por coincidência, o minúsculo e aparentemente frágil Mahatma Ghandi ergue os bilhões de habitantes da pacata India e arrancou todo o continente das garras do imperialismo inglês.

Deus se nos revela nos fracassos e turbilhões de nossa vida

No Brasil mesmo, temos o exemplo da irmã Dulce, recentemente canonizada pelo papa Francisco, criaturinha frágil miúda e achacada por doença de pulmões, por 30 anos, dormia sobre uma dura poltrona. No entanto, contra todas as probabilidades humanas, montou e cuidou de um poderoso contingente de doentes e desvalidos e arregimentou uma constelação de solidariedade aos enfermos e abandonados da sociedade. Iniciou sua caridosa odisseia num galinheiro e, por esses dias, o papa Francisco acaba de revesti-lá com a honra dos altares.

Pessoalmente, pude comprovar essa realidade. Buscando num bairro de Salvador pela casa daquelas irmãs que cuidam de doentes e desvalidos, perguntei ao garotinho que se aproximou de meu carro. Como se chama o bispo ou o governador dessa cidade: o garotinho postou-se com uma expressão vazia de absoluto desconhecimento. Indaguei-lhe, então, onde fica a casa das irmãs que cuidam dos doentes. Logo, vi reluzir um brilho em seus olhos e erguendo o bracinho apontou: "elas moram naquela rua ali!".

Podemos dizer, com muita propriedade, que é na fragilidade e na imperfeição do ser humano que se manifesta a sua perfeição. E é exatamente nesse pequeno detalhe que reside a maior diferença entre o ser humano e todas as demais criaturas da fauna terrestre.

Quando Deus recusou tirar o espinho da vida de Paulo, ele ofereceu esta explicação: "A minha graça te basta, porque o poder se aperfeiçoa na fraqueza" (2 Coríntios 12: 9). A graça contradiz o merecer. Se Paulo, no passado, se julgou auto-suficiente, ele não continuou assim (veja Filipenses 3:4-11). Nas tribulações, ele aprendeu depender da graça do Senhor. Quando sentimos que temos tudo sob controle por causa da nossa própria capacidade, facilmente esquecemos de Deus. Nas horas de maior fraqueza, quando sentimos incapazes de resolver os nossos problemas sozinhos, tendemos a voltar para Deus e nos entregar à poderosa mão dele. Nossa inteligência não nos basta. Nossos recursos financeiros não nos bastam. Nossos amigos não conseguem preencher as nossas necessidades. A graça de Deus nos basta, e o poder dele manifesta-se através da nossa fraqueza. É exatamente isso que Paulo entendeu: "De boa vontade, pois, mais me gloriarei nas fraquezas, para que sobre mim repouse o poder de Cristo" (2 Coríntios 12:9).

Usando a linguagem da informática, poderíamos dizer que o ser humano, ao nascer, é uma máquina que traz muito poucos "programas", e "aplicativos". Ou seja, a criança, ao nascer, vem com um *"hardware"* (componentes físicos) bem limitado. Mas, em compensação, tem uma placa mãe equipada com muitas bases físicas para inserir e ampliar a capacidade de memória e de armazenar dados. Ao contrário, os demais seres vivos já nascem equipados com todos os seus programas de memória já instalados. Em outras palavras, os outros animais têm um grande *"hardware"* e uma placa-mãe mínima. Ou seja, toda a perfeição das espécies animais já vem com eles.

3

Os seis papéis, programas de discipulado do Mestre em nossa vida, braços do Legoninjago

Tres papéis, programas de vida do discipulado feminino do Mestre: Rute, Judite e Ester

Rute, a estrangeira precursora do ecumenismo: "Teu povo é o meu povo; teu Deus o meu Deus"

Rute, mulher solidária.
Desenho da Giulia, 7 anos.

O livro procura mostrar que a pertença ao povo eleito não está restrita aos judeus, propõe a solidariedade, a recuperação da família e do clã como elementos básicos na reconstrução do país. Seus autores provavelmente fazem parte do movimento de resistência contra as propostas centralizadoras de Neemias e Esdras.

Os autores de Rute propõem recuperar três importantes leis dos pobres: respigar, resgatar e levir. Leis que não foram levadas em conta nas reformas de Neemias e Esdras.

A "lei do respigar" permite que os pobres colham as sobras das colheitas nos campos e assim não falte comida na mesa das famílias pobres, dos migrantes, dos órfãos e das viúvas (Lv 19,9-10; Dt 24,19-22; Rt 2,2). Rute reivindica o direito dos pobres (sem-terra) de terem acesso ao alimento. A lei do resgate quer assegurar aos pobres o direito de recolher as sobras que ficam no campo após a colheita.

A "lei do resgatar" dizia que, quando alguém, por motivo de pobreza, era obrigado a vender sua terra, seu parente mais próximo tinha a obrigação de resgatar essa terra, ou seja, comprá-la e entregá-la ao antigo dono (Lv 25,25; Rt 4,9-10). Da mesma forma, além do resgate da terra, havia o resgate da pessoa (Lv 25,47-49). O objetivo da lei do resgate, tanto da terra ou da pessoa, era garantir a propriedade aos pobres e fortalecer e defender a família.

A "lei do levirato" (ou do cunhado) propõe que um irmão se case com a viúva do seu irmão falecido sem deixar descendência e tem a finalidade de dar continuidade a descendência ao irmão falecido (Dt 25,5). Esta lei garante a continuidade da família e impede que, por falta de um herdeiro, a família se acabasse, e seu patrimônio caísse nas mãos de estranhos. No caso de Rute, em que Booz assume a estrangeira Rute como esposa, essa lei transcende os limites da família e passa a contemplar também o clã, ou seja, a comunidade.

Judite, precursora de Mirihan, a mãe de Ieshoua, o Mestre

No seu belo poema de exaltação à figura de Maria Santíssima, Bernardino de Bustis, autor do lendário e lindo poema à Virgem Maria, denominado "Ofício da Imaculada Conceição", enxerga na figura heroica de Judite excelente protótipo de Maria, mãe de Jesus. E assim a descreve: "Ó mulher tão forte, Ó invicta Judite, que vós alentastes o sumo Davi".

Assim, enquanto a valente guerreira, Judite, decapitou o inimigo de seu povo, Maria como que restaura a cabeça do novo e definitivo guerreiro vencedor, o novo Davi, Jesus Cristo!

E que analogia ou relação há entre a figura e os feitos heróicos de Judite com o Reino de Deus anunciado e instaurado por Jesus Cristo? Se enxergarmos em Maria o canal de implantação do Reino, poderemos também dizer que Judite é uma instaurações e guardiã do Reino de Deus. Pois, todo aquele que luta pelo bem estar e pela paz em seu meio, trabalha pelo Reino de Deus. Sabemos que, onde reina o amor e a paz, Deus aí está. E podemos também dizer que todo aquele que trabalha e luta pela paz de seus irmãos trabalha e luta também pela instauração e expansão do Reino de Deus.

Mas, se mergulharmos um pouco nos simbolismos e alegorias do Reino de um Deus que com desvelo e carinho cuida de seus filhos, identificaremos, mas uma profunda relação da figura de Judite com o reino de Deus. Deus que com entranhas de amor, vela ampara e protege cada um de seus filhos.

Deus não é homem nem mulher mas nos ama com racionalidade e ternura

O termo grego que se traduz por "entranhas" corresponde ao hebraico *"rahamim"*, tantas vezes presente no *Antigo Testamento*, designando as vísceras abdominais, em especial o útero materno (tanto que André Chouraqui traduziu por "matrices" – a matriz, materna).

Dentro do horizonte tão comum ao AT, onde o Altíssimo sofre um tratamento antropomórfico, recebendo olhos (que tudo veem), mãos e braços (que se levantam contra os inimigos de Israel), ouvidos (sempre atentos ao clamor de seu povo) etc., a expressão *"rahamim"* chega ao notável extremo de apresentar o Senhor Deus com traços femininos, em sua terna "maternidade" pelos homens.

É uma pena que alguém ainda consiga ler o *Novo Testamento* com olhos de combatente ou sentimentos de juiz, quando por suas páginas escorre permanentemente o azeite [*élaion*] da misericórdia divina, que relativiza os pecados, oferece o perdão e se alegra sobretudo com a centésima ovelha recuperada.

Zacarias, porém, percebeu essa linha dominante nos eventos que o envolviam. O cumprimento das promessas da Primeira Aliança demonstrava o amor de Deus pela humanidade. Desde então, religião é sinônimo de amor... "Minhas entranhas estremeceram de amor..." (Ct 5,4).

São Paulo aos Romanos, capítulo oito, versículo 21, declara:

> [...] na esperança de que também a própria natureza criada será libertada do cativeiro da degeneração em que se encontra, recebendo a gloriosa liberdade outorgada aos filhos de Deus. Sabemos que até hoje toda a criação geme e padece, como em dores de parto. E não somente ela, mas igualmente nós, que temos os primeiros frutos do Espírito,

também gememos em nosso íntimo, esperando com ansiosa expectativa, por nossa adoção como filhos, a redenção do nosso corpo.

E por que seria estranho ou inadequado que Deus quisesse como que embutir na face do ser humano alguma analogia reveladora de seu mistério de um Deus em três pessoas?

Esse livro, cujo nome é o da sua figura principal, mostra-nos como Israel domina todas as dificuldades quando obedece ao Senhor. As pessoas e os lugares nele descritos fazem crer que o autor pretendeu dar-lhes nomes fictícios, embora não se saiba exatamente por que. O significado de alguns deles enquadra-se bem no próprio conteúdo do livro. O nome da heroína, Judite, que lhe serve de título, simboliza "a judia", expressão frágil e desamparada do próprio Israel, sob a ameaça dos inimigos. O importante, contudo, é a lição que nos é dada pelo seu cântico: só os que temem o Senhor podem ser grandes em todas as coisas.

Ester exercita a cidadania plena do discipulado do Mestre

A rainha Ester diante do Rei.
Desenho neta Giulia 7 anos

Ester merece destaque na Bíblia Sagrada, ela viveu no Império Persa, quando Assuero governou a Pérsia. Entendemos que, por propósitos divinos, Ester tornou-se Rainha em substituição a rainha Vasti, que se recusara a dançar perante o rei (Ester 1. 12-13). Ester era sobrinha e filha de criação de Mordecai, um judeu que vivia também na Pérsia. No decorrer no Reinado de Assuero, e enquanto Ester reinava junto a Assuero no Palácio, um dos assessores do rei Assuero, chamado Hamã, suscitou um plano maléfico para que todos os judeus fossem mortos. Tal trama de Hamã fora descoberta por Mordecai, tio de Ester, e este imediatamente comunicou a Ester, que intercedeu junto ao Rei, a fim de que o intento de Hamã não fosse a frente. Assuero prontamente atendeu ao pedido de Ester, ordenando a morte de Hamã e de seus comparsas, e, assim, através desse ato de coragem da rainha Ester, os judeus não foram exterminados.

Ester, ou Hadassa, era uma jovem judia, da tribo de benjamim, cujos pais morreram na época do exílio babilônico.

O livro de Ester é um dos mais belos relatos da Bíblia. O cenário nos coloca fora da Palestina, em Susa, capital dos Aquemênidas, onde reina Assuero, nome hebraico de Xerxes (Esd 4,6), rei dos medos e dos persas (486-465 a. C.).

Ester intervém junto ao rei para salvar seus irmãos de raça, ameaçados de extermínio pelo poderoso grão-vizir e inimigo ferrenho dos judeus, Hamã. O rei, então, manda enforcar Hamã e nomeia Mordecai vizir em seu lugar. A rainha intervém mais uma vez junto ao rei, do qual consegue um edito anulando o edito de extermínio dos judeus, anteriormente forjado por Hamã, e permitindo aos judeus que se organizem para defender suas vidas e exterminar seus inimigos. Para comemorar o massacre dos inimigos e a salvação dos judeus, institui-se a festa dos Purim.

E o que tem a ver Ester com o Discipulado do Mestre?

Poderíamos dizer que Ester, uma heroína do povo hebreu, antecipa e reúne em si, o tríplice múnus dos cristãos, protagonistas que somos do reino de Deus. Ou seja, a pungente narrativa dessa mulher judia, atropela, literalmente, a cultura machista, defendendo a cidadania plena da mulher judia. Ou seja, vemos nessa narrativa a libertação do povo hebreu pela heróica intervenção de uma mulher, Líder!

Vejamos. Investida já na condição privilegiada de rainha, Ester colocou em risco seu prestigio e sua posição em favor da vida e da liberdade de seu povo. Eis a <u>função régia</u>.

O livro de Ester em nossa vida: O tríplice múnus do cristão – régio, sacerdotal e profético

A rainha Ester, sob a alegoria de "Mulher-pássaro".
Desenho Pietra Madza, aos 4 anos

Dentro dessa ótica do Reino de Deus, aqui e agora, não fazem sentido certas orientações pastorais que pensam mobilizar uma valorização dos cristãos não inseridos na hierarquia, circunscrevendo seu protagonismo fora do território do ministério sagrado. Nessa ótica enviesada, os cristãos não ungidos pelo sacramento da ordem tem um papel secundário e coadjuvante no ministério sacerdotal. Sabemos que o termo leigo deve ser entendido como o "Laós", o Povo santo e pecador (Ex 19,5; Ap 1,6 etc).

4

"Pernas" do Legoninjago: Três papéis ou programas de vida do discipulado masculino do Mestre: Jó, Jonas e Tobias

Jó, discípulo temente a Deus em busca de sua verdadeira face

O livro bíblico denominado Jó, no senso comum, e no imaginário popular, relata as agruras de uma pessoa humana sofredora. Mas visto pela ótica literária e alegórica do gênero denominado, Midraxe é a defesa e apologia de uma teologia libertária e de protesto. Na pungente história de Jó enxergamos uma teologia pela ótica dos pobres e oprimidos. Pode ser visto também como manual da Sabedoria dos excluídos e marginalizados e um repúdio a teologia das elites opressoras.

Jó, qual guerrilheiro ninja persegue a justiça divina.
Desenho Pedro Miguel.

A popular história de Jó é a de um homem justo, íntegro, piedoso e rico que é subitamente posto à prova. Jó vai perdendo todos os seus bens, os seus filhos e a sua saúde. A sua reação não é de revolta, mas de aceitação e de paciência: "Nu saí do ventre de minha mãe, e nu para ele voltarei. Javé tudo me deu e Javé tudo me tirou. Bendito seja o nome de Javé!" (Jó 1,21). Por isso, Jó é apresentado como modelo do sofredor paciente. A sua fidelidade a Deus leva a que, no fim, Job seja recompensado por Deus recuperando a saúde, os bens e até numerosos filhos. No entanto, não é nessa pequena história contada em prosa que se encontra a maior riqueza desse livro.

A verdadeira originalidade do *Livro de Jó* está escrita em verso na sua parte central. Aqui, encontramos um Jó completamente diferente, um Jó inconformado, repleto de perguntas, que não aceita a sua desgraça nem a explicação tradicional e que interroga e pede contas a

Deus pelo que lhe aconteceu. Temos, portanto, duas partes no Livro de Jó: a primeira, idealista e utópica, apresenta-nos um modelo de paciência, aceitação, conformismo; e a segunda parte, que está mais relacionada com a realidade, o ser humano é-nos apresentado com dúvidas, dilemas e perguntas sobre a vontade de Deus.

O sofrimento é a força motriz que impele Jó (e nos impele a nós) para a dúvida, para as interrogações, em última análise, o sofrimento leva-o ao encontro com Deus, pois obriga-o a descer ao profundo do humano para procurar o sentido para esse sofrimento. Durante essa reflexão poética central, o *Livro de Jó* apresenta-nos vários amigos com diversas argumentações acusando muitas vezes Jó de ser o responsável pelo sofrimento em que se encontra. No entanto, Job nunca desfalece até que Deus intervém respondendo a todas as discussões anteriores.

O *Livro de Jó* é uma obra de reflexão e meditação e, ao mesmo tempo, um espaço para levantar questões ainda hoje dramáticas. Em termos teológicos, o *Livro de Jó* não apresenta uma catequese tradicional mas antes analisa um conjunto de problemas cuja solução reflete a concepção que se tem sobre Deus.

Em Jó, rejeita-se um sistema de pensamento religioso: as posições moralistas e tradicionais da equivalência entre o sofrimento de uma pessoa e algum pecado por ela cometido. É o pensamento dominante defendido pelos amigos de Jó.

Por outro lado, o pensamento religioso do livro parece aproximar-se da nova consciência de Jó, de onde emergem verdades já bastante evidentes para ele, mas que o deixam ainda muito inseguro e mesmo escandalizado. Mas nem todas as suas ideias são confirmadas, após a contemplação da sabedoria (Cap. 28), o discurso de Eliú (Cap. 32-37) e a intervenção final de Deus. Se as teses da religiosidade tradicional e popular sofrem uma forte contestação, também as novas sensações iniciais de Jó chegam ao fim algo esbatidas. Ao longo do livro, Jó empreende uma reflexão amadurecida e profunda.

Em suma, nesse livro, recusa-se que a causalidade de todo o sofrimento deva ser atribuída, seja ao homem, seja a Deus. A ética e o ciclo da vida, com os seus percursos naturais de sofrimento e morte, são dois processos coexistentes, mas autônomos. A justiça e a ação de Deus não se podem medir com as regras de equivalência que são normais na justiça terrena.

E esse é um dos mais marcantes contributos do *Livro de Jó* para a importante questão do humanismo e da experiência religiosa. A sua atitude básica perante o sofrimento não é de moral legalista, é, antes, uma atitude de corajoso acolhimento do real; é contemplativa e verificadora; é um caminho de sabedoria. É, por conseguinte, um espaço de transformação de si mesmo e dos fatos que levam ao conhecimento e entrega incondicional do homem a Deus.

Números curiosos e intrigantes da família de Jó

Há ainda outros detalhes e dados artificiais: eram dez filhos, sendo sete filhos e três filhas. Os animais também eram em números redondos sempre em cifras simbólicas: dez, perfeição, seus múltiplos indicam a intensidade do bem e da felicidade (7.000 ovelhas, 3.000 camelos, 1.000 bois e 500 jumentos). – Todos os empregados (administradores, agricultores, boiadeiros, cortadores de lã, guardas das torres de vigia, plantadores de capim, roçadores de pastos, tiradores de leite, tratadores de animais, vendedores de gado).

Todos esses elementos são um complexo riquíssimo de dados para montagem de uma bela peça dramática.

O livro de Jó é um exemplar da literatura sapiencial do *Antigo Testamento* e, junto ao livro de *Eclesiastes*, é conhecido por apresentar uma postura crítica à sabedoria. O livro questiona, acima de tudo, as relações de causa e efeito, base para se falar no período veterotestamentário e no judaísmo tardio de uma "doutrina da retribuição" (casuística judaica). Essa doutrina, partindo da *Sabedoria Tradicional* (grande parte do livro de *Provérbios* e da tradição deuteronomística – cf. Dt 28-30), postulava que o justo seria abençoado por Deus e o ímpio, por sua vez, castigado. O livro de Jó mostra exatamente o contrário; por isso, é conhecido na pesquisa como um exemplar da *Sabedoria Crítica*, pois tem como referencial a *Crise da Sabedori*a.

O livro de Jó e o Reino de Deus: que semelhanças, analogias ou relações há entre eles?

Se olharmos para o Reino de Deus como um território em que há uma absoluta e incontestável soberania da vontade do Pai celestial, teremos que definir o livro de Jó como o arquétipo do Reino de Deus. Pois observamos que o servo de Deus, Jó, tem como eixo e centro de sua vida a plena a absoluta soberania da vontade de Deus. Depois de todas as calamidades que se abateram sobre ele, só tem uma reação: "O Senhor Deus deu o Senhor tirou. Bendito seja o Santo nome do Senhor !"(Jo 1,21)

Jonas, segundo papel, programa ou missão do discípulo em conflito com o Mestre

O profeta Jonas dorme antes de ser atirado ao mar e engolido pela baleia.
Desenho Pedro Miguel 6 anos.

Para compreendermos o significado dos acontecimentos do livro de Jonas, capítulo 3, é necessário saber que os ninivitas adoravam o deus-peixe, Dagom, parte humano e parte peixe. Eles acreditavam que ele tinha saído do mar, fundado sua nação e que lhes enviava mensageiros do mar de tempos em tempos.

Se Deus, pois, houvesse que lhes enviar um pregador, nada mais razoável que trouxesse seu plano para o nível de conhecimento dos assírios, mandando-lhes um profeta que saiu do mar! Sem dúvida, muitos viram Jonas ser tirado do mar e acompanharam-no a Nínive, servindo de testemunha do fato inédito.

Há dois argumentos suplementares que confirmam a veracidade desse acontecimento. Em primeiro lugar, "Oannes" é o nome de uma das encarnações do deus-peixe. Esse nome, com "J" inicial, é a forma de escrever "Jonas" no Novo Testamento. Em segundo lugar, houve, por muitos séculos, uma colina assíria chamada "Yunnas", nome assírio, que significa Jonas, e foi o nome dessa colina que deu aos arqueólogos a primeira pista de que possivelmente a antiga cidade de Nínive estivesse soterrada sob essa colina.

O arqueólogo Botta associou "Yunnas" com Jonas e, assim, começou o trabalho de escavação, e encontrou os muros da cidade.

Jonas é um caso único na literatura profética: nunca utiliza o substantivo "nabi" (profeta), nem o verbo "profetizar", nem a fórmula do mensageiro; e toda a pregação do profeta se resume em 3,4: "Dentro de quarenta dias Nínive será destruída.".

As peripécias de Jonas refletem as agruras do seguimento do Mestre ao encalço do Reino de Deus

Em síntese, poderíamos dizer que, tomando toda a narrativa do livro de Jonas como uma metáfora, uma alegoria, que aí temos aquela dimensão do Reino de Deus na fase do aqui na Terra, enquanto peregrinos rumo ao Banquete das Núpcias do Cordeiro. A figura de Jonas aponta para a condição de discípulos de Cristo pecadores. Como Jonas, recebemos uma missão e vamos tateando, como se estivéssemos nas trevas do ventre da baleia. Mas, assim como Jonas e nosso modelo Cristo, buscamos a luz da graça e da misericórdia de Deus.

Muitos de nós, muitas vezes pensamos que a justiça de Deus é retributiva, isto é, ela retribui a cada qual conforme seu merecimento, partindo de critérios legais. Mas, como Jonas, devemos aprender que a justiça de Deus é restaurativa, bondosa. Jonas não concorda com

Deus, pois esse trata os ninivitas com bondade e misericórdia. Imbuído do espírito humano, que o move e alimenta nas relações sociais, a justiça vingativa, retributiva, Jonas nega-se a ser mensageiro de Deus em meio ao povo pagão, "que não sabe discernir entre mão esquerda e mão direita" (Jn 4, 11). Está muito magoado com Deus por ele ser justo com os pecadores que se arrependem.

O texto de Mateus tem o tema da bondosa justiça em comum com o livro de Jonas. Trabalhadores são contratados em horários diferentes. No fim do dia, recebem igual salário, conforme combinado com os primeiros. Aqueles que foram contratados por primeiro queriam mais do que os outros. Mas o patrão não é injusto. Sua justiça é diferente da justiça legalista, retributiva, meritória. Sua justiça é compassiva, bondosa e dá a cada um o necessário para viver.

Em Filipenses, Paulo prega a respeito da importância do engrandecimento de Cristo Jesus no seu corpo, "quer pela vida, quer pela morte" (Fp 1, 20). Diz que o morrer é lucro para ele. Mas, por causa dos frutos de sua pregação, está certo de que ficará e permanecerá com todos (Fp 1, 25-26). Convida para "viver firmes em um só espírito, como uma só alma, lutando juntos pela fé evangélica" (Fp 1, 27).

Estamos diante de dois personagens que, embora ambos preguem nas cidades, têm compreensões diferentes: Jonas pede para morrer, porque não quer saber da graça e do perdão que Deus concede aos habitantes da cidade de Nínive.

Paulo quer viver para continuar sua ação missionária em meio ao povo que "tem a graça de padecer por Cristo e não somente de crer nele" (Fp 1, 29). O entusiasmo missionário de Paulo está ligado ao fato de Deus chamar pecadores ao arrependimento e que "a bondade de Deus conduz ao arrependimento" (Rm 2, 4b). E qual é sua compreensão?

Idiossincrasias de Jonas e sua baleia

Este livro faz parte do género literário chamado midráxico que permitia tomar um dado bíblico como tema de desenvolvimento redacional com uma intenção didática, sem pretender narrar acontecimentos históricos.

Tendo em vista essa interpretação para o próprio nome desse livro didático, notamos uma curiosa analogia com a inspiração que teve Paulo ao dirigir-se aos eruditos Atenienses, partindo do altar que encontrou no Panteon, dedicado ao deus desconhecido. (At 17,22-23)

Sendo verdadeira aquela hipótese explicativa para o nome do próprio livro, "Oanes", com J inicial, abreviatura da grafia original desse livro, Iunnas, Jonas, seria uma das encarnações do deus– peixe, Dagon, em forma humana. Os ninivitas cultivavam a crença de que seu povo proveio do mar. Com a mesma astúcia de Paulo, o autor dessa exortação didática forjou toda a narrativa, inspirada no imaginário ideológico do povo. Um ser humano, provindo do mar com uma mensagem divina seria muito bem aceito, como de fato o foi, vindo a surpreender e, até, decepcionar o espírito irascível e vingativo do profeta.

Todo discipulado inclui o ventre de uma baleia

Após ser lançado ao mar pelos marinheiros da embarcação em que estava viajando, o profeta Jonas foi engolido por um grande peixe que o Senhor providenciou. Jonas ficou no ventre do peixe durante três dias e três noites (Jn 1,17).

Jonas, então, orou a Deus em forma de um cântico de ação de graças, e Deus ordenou que o peixe vomitasse o profeta em terra firme, talvez em uma praia distante da costa da Síria. Muito têm se discutido acerca desse grande peixe que engoliu o profeta Jonas. Alguns defendem a ideia de ter sido uma baleia, enquanto outros reprovam essa possibilidade.

Na verdade, de fato, não precisa necessariamente ter sido uma baleia. Poderia ter sido um grande tubarão, como o próprio tubarão-baleia, que atinge um tamanho enorme e não possui os dentes terríveis de outras espécies de tubarão.

O termo original em hebraico significa apenas "grande peixe", e o termo usado em grego na Septuaginta é um termo genérico para "monstro do mar", "criatura marítima" ou "peixes de grande tamanho". Seja como for, o correto é que esse episódio refere-se a algo sobrenatural que ocorreu para que o propósito de Deus fosse cumprido.

Quem foi Jonas?

A Santíssima Trindade visitando Nínive.
Desenho Giulia, 4 anos

Jonas foi um profeta hebreu que viveu durante o reinado do rei de Israel Jeroboão II, em meados do século 8 a. C. Jonas era filho de Amitai, e veio de Gade-Hefer, uma aldeia de Zebulom, situada nas vizinhanças de Nazaré. Ele também é o herói do livro que traz o seu nome, o quinto dos 12 Profetas Menores.

O nome Jonas significa "pomba", e a forma neotestamentária desse nome é Ionas. Algo interessante com o nome "Jonas" ocorre no *Novo Testamento*, quando comparamos passagens dos Evangelhos de Mateus e João. No *Evangelho de Mateus* (16, 17), Jesus chamou Pedro de Simão Barjonas, que em aramaico seria "filho de Jonas". Entretanto, no *Evangelho de João* (1, 42; 21, 15-17), o pai de Simão Pedro é chamado de João, embora em alguns manuscritos ele também apareça em em tais passagens como "Jonas".

Podemos aprender com a estratégia de Jonas?

Alegoria da baleia de Jonas em nossa vida.
Desenho de Giulia, 7 anos

O livro de Jonas é também uma prática reflexiva sobre o profetismo. Sempre que Jonas se vê ameaçado, recolhe-se. Isso acontece no barco e na cidade de Nínive. Ele vive separado. Quando a vida e a morte estão em jogo, ele separa-se. Quando Deus faz crescer o arbusto, ele sente-se confortável. Quer observar de longe o que vai acontecer.

Deus dialoga com Jonas. Ele pergunta-lhe se a sua ira tem algum sentido. Enquanto Jonas espera para ver o que vai acontecer com a cidade, Deus faz crescer um arbusto para, com sua sombra, propiciar conforto ao profeta. Este se regozija à sombra da árvore. Mas Deus, assim como a fez crescer rapidamente, seca-a. Então, Jonas, mais uma vez, aborrece-se. Indagado por Deus, Jonas diz que sua ira é razoável até a morte. Jonas teve compaixão da árvore que Deus fez crescer sobre sua cabeça. Então, Deus pergunta-lhe se ele, Deus, não tem direito de ter compaixão de milhares de pessoas e animais de uma grande cidade? (Jn 4, 11) O livro de Jonas termina com essa pergunta pelo direito de Deus ser bom, amar e ter compaixão dos pecadores, dos pagãos, dos estrangeiros e dos sofredores.

Deus tem compaixão de todos, também de Jonas. Dá-lhe as condições necessárias para pregar, conforta-o e o ampara. Mas Deus também ama os pagãos do barco, os pecadores de Nínive, os muitos animais. Deus ama Israel, mas seu amor não está preso aos limites de um povo, a uma só compreensão filosófica, a uma cultura, a uma só etnia. Deus é Deus clemente, misericordioso, compassivo com todos os seres, em todos os tempos e lugares. Essa foi uma árdua conversão para Jonas. Ele achava que podia fugir de Deus, esconder-se em outros lugares, em meio aos pecadores. Certamente, na visão teológica exclusivista, retributiva e meritória de Israel, Deus se encontraria somente em seu "Santo Templo". Deus prepara seu profeta, também em outros lugares. Ele foi ouvido por Deus: "do ventre do abismo, gritei, e tu me ouviste a voz" (Jn 2, 2). Deus faz do ventre do peixe um grande seminário teológico para Jonas. Não é no barco que navega seguro, mas no tenebroso ventre do peixe em que está a igreja de Jonas. Mas ele não pode ficar ali dentro, seguro e acomodado. Isso seria seu fim. Precisa sair para a missão de Deus. Para isso, está sendo vocacionado.

Descobre que, mesmo fugindo para longe do Senhor, Deus encontra-o. Não há lugar onde Deus não o encontre.

Para Jonas, como hebreu ligado à lei, ao templo e à pureza da raça, é caro aceitar que não são as obras da lei, no bojo da justiça retributiva, que salvam. Mas é a graça de Deus no bojo da bondosa justiça que salva.

Tobias, restaurador da face divina na família humana

O caridoso Tobias da sepultura aos mortos.
Desenho Giulia, 7 anos.

O próprio nome de Tobite (abreviatura hebraica de "Tòbi-yyâh", que quer dizer "Deus é bom", ou "o meu bem está em Deus") confirma a ação da divina Providência, que vela por aqueles cuja fé é inabalável e os ajuda a vencer as provações, acabando por lhes dar uma recompensa muito acima de toda a expectativa, como no caso do próprio Tobite.

O *Livro de Tobias* é um midraxe, ou seja, é uma novela criada para reler e atualizar as Escrituras Sagradas – no caso, Gn 24 e 28 (casamento dos patriarcas) e Gn 42-45 (reencontro de Jacó com Benjamin), além de textos dos livros do *Deuteronômio*, *Levítico* e *Números* que mostram as práticas judaicas agradáveis a Deus: honrar pai e mãe, dar esmolas, enterrar os mortos.

Esse livro narra-nos a história de Tobite, de Sara, mulher de seu filho Tobias, e das respectivas famílias. Apresentados como israelitas piedosos, que sempre permaneceram fiéis ao Senhor seu Deus, mesmo no meio das piores tribulações, constituem, por isso mesmo, um paradigma de comportamento nas circunstâncias normais da vida. Dentro dessa perspectiva, toda a trama se desenrola em torno de questões práticas que vão sendo resolvidas sempre com uma fé inabalável em Deus e dentro da fidelidade absoluta à sua vontade.

O que o livro de Tobias tem a ver com a pedagogia do Mestre?

Uma das formas possíveis de entender o Reino de Deus é considerá-lo como "o sonho de Deus" ou ainda uma versão do Paraíso terrestre/Celeste. Pois o que caracteriza o que Jesus chama de Reino de Deus é o ambiente dominado pelo clima do amor. O amor, serviço ao próximo; o amor generosidade; o amor disponibilidade; o amor partilha.

Por diversos motivos, aprecio muito a novela mítica do livro de Tobias. Este é um dos sete livros desconhecidos na comunidade hebraica.

Essa encantadora novela, nos apresenta qual o modelo ideal de família. O amor que deveria reinar nas relações familiares. A verdadeira atitude de fé e devoção que devemos cultivar.

Exatamente essa tônica apontando para a soberania da santa vontade de Deus nas vidas dos protagonistas da narrativa é que nos permite identificar o livro como uma parábola, uma metáfora do Reino de Deus. Atribuindo-lhe uma linguagem dos nossos dias, poderíamos dizer que se trata de um tema de amor. Amor de dois jovens esposos; amor das diversas personagens dentro do quadro das respectivas famílias; amor dos fiéis pelo seu Deus que, através dos séculos e do suceder aparentemente inocente dos acontecimentos, guia o seu povo em direção ao cumprimento do seu destino de realização plena.

Tobias, Vade-mécum da medicina?

Quanto às práticas bastante estranhas para curar a cegueira de Tobit e espantar o demônio Asmodeu, o autor – apesar de ser um judeu convicto – não está livre das práticas comuns de "medicina alternativa" de seu tempo, com seu tom de superstição. A piedade dele não fica comprometida por isso: é Rafael (Deus cura) quem lhe ensina o que deve fazer e não o mundo pagão, logo é Deus mesmo quem cura por meio daqueles cambalachos.

Antigo provérbio popular dizia: "quem cura e a fé e não o pau da barca!". Contexto do dicterio: um negro velho era famoso pelas suas meisinhas. Suas garrafadas curavam qualquer doença. Alguém, um belo dia. muito desconfiado, escondeu-se atrás de uma muita quando o famoso curandeiro, altas horas da noite ia até a beira de um rio e raspava cuidadosamente as velhas tábuas de um barco já sem serventia e ia colocando nuns vidrinhos com água. No dia seguinte, quando o velhinho entregava mais uma de suas famosas garrafadas, o desconfiado investigador,. achando que desmascarava o curandeiro popular, denunciou. Mas nessa garrafa só tem água e raspa de uma canoa velha! O sábio curador explicou: – Mas o que cura é a fé e não o pau da barca!".

Moral da história: o autor quer mostrar aos judeus da diáspora que a piedade é essencial e que o casamento com pagãos é perigoso, pois põe em risco as raízes monoteístas do judaísmo. Num tempo em que a identidade judaica vê-se ameaçada pela invasão do mundo helênico e por heranças mil do mundo persa, com seus anjos e demônios, e do mundo babilônico, com seus deuses diversos, parece prudente perseverar nos costumes piedosos, inclusive no costume de casar-se com pessoas da mesma raça.

Para nós, acho que o mais importante é refletir sobre a sedução do mundo secularizado, que rouba nossas práticas de piedade e nossos valores cristãos, como se nós, cristãos, fôssemos qualquer um aí no meio do mundo. Não é o caso de nos opormos ao mundo ou de confrontá-lo, mas de manter nossa identidade, dialogando com nosso tempo. A gente oferece ao mundo nossa experiência cristã de Deus como testemunho da preciosidade da fé e acolhe o que ele tem de melhor para nos oferecer. Mas é preciso tomar cuidado, pois há muitos Asmodeus por aí. Caso contrário, nós podemos ser alvo do "Asmodeu desse mundo" com suas astúcias. Podemos deixar nossa fé cristã – tão preciosa e que nos faz viver – ser minada por investidas da secularização. Em meio a este mundo secularizado, só um cristão que de fato fez a experiência da fé (como Tobias) consegue manter-se vivo diante das armadilhas do Asmodeu pós-moderno. Haja mística e espiritualidade para manter nossos valores intactos, inclusive no que diz respeito ao casamento e à vida familiar – tão questionados hoje! Mas não precisamos nos preocupar, não estamos sozinhos nessa viagem da vida: está conosco Aquele que cura – não um anjo – mas o próprio Deus que nos ama e sustenta-nos na caminhada.

Tudo é festa – O Reino de Deus entre nós
Desenho sobrinha Valentina, 5 anos

Livro terceiro

Sintético– "*et Spiritus Sancti* (e pela força do Paráclito)!"

O DIVINO PARÁCLITO NO ITINERÁRIO DO MESTRE NA HUMANA SEMELHANÇA. O AMOR, CORAÇÃO DO MUNDO.

Coração do Legoninjago

Os 4 Predicados do bom discípulo do Mestre:

1. Nicodemus;
2. A samaritana;
3. A parábola do bom samaritano;
4. O grato samaritano

Depois de pesquisar, estudar, investigar e conviver com todos os ensinamentos de Jesus nos Santos evangelhos, seria possível levantar o perfil daquele discípulo que Jesus de Nazaré tinha em mente, quando, ao longo de toda a sua jornada, depois de seus retiros e meditações, devagarinho, através de sermões e parábolas, foi, como um paciente artista, pincelando na maravilhosa tela que o Pai e o Paráclito iam sussurrando a sua mente e ao seu divino coração de Mestre?

Primeiro predicado do bom discípulo de Jesus: o disponível Nicodemos busca o Mestre na calada da noite!

Nicodemus confabula com o Nazareno.
Desenho netinha Giulia, 7 anos

Nascer de novo, do grego, *anothen*, que tem vários significados como "mais uma vez", ou "segunda vez", "é do alto", é de Deus", é bom demais! É uma nova chance!! Chance de marcar a sua vida eterna. Quem nasce de novo, ainda que morra viverá.

"Disse-lhe Jesus: Eu sou a ressurreição e a vida; quem crê em mim, ainda que esteja morto, viverá" (João 11,25).

Nem a data de nosso aniversário é mais importante que o novo nascimento. Mas por que devemos nascer de novo?

Porque, para entrar nos céus, o novo nascimento faz-se necessário, de acordo com a Palavra de Deus em todas as bíblias (de verdade e de vida, não de morte como algumas bíblias pelo mundo por ai).

A literatura diz que Nicodemos era um homem culto, de família nobre de Jerusalém, homem justo, erudito nas escrituras. No Sinédrio, a Suprema Corte Judaica, vamos dizer assim, ele era membro bem definido entre os 70 membros que o compunham. Estamos falando de uma pessoa letrada, de conhecimentos profundos e de grande autoridade. Mas isso não o deixava tranquilo quanto à proposta do Filho de Deus sobre fé, pecado e justiça, justiça, pecado e fé...

Ainda no texto de João 3,3, Vimos que Jesus foi verdadeiro com Nicodemos, ele disse: Tú és mestre em Israel e não compreendes essas coisas? (vs. 12). Então, ele explicou sobre o "pneuma", que representava "vento" ou espírito. *Alow, é um nascimento espiritual!*

A história não conta se Nicodemos resolveu nascer de novo. Alguns escritos dizem que ele esteve publicamente no sepultamento de Jesus, homenageando o Rabi.

O "nascer de novo" anunciado por Cristo a Nicodemus, tem a ver, tem tudo a ver com "os novos céus e a nova terra" anunciados por Jesus Cristo.

Tem tudo a ver, também, com o modelo de ressurreição que todo ser humano, seguidor do Mestre, prometeu e demonstrou. Todos receberão pela ressurreição, um corpo, novo em folha. Não importa o corpo que teremos ao morrer, tanto faz um já velho e decrépito ou com ele, nem bem formado, todos ganharão um corpo humano adulto e em pleno vigor de seus anos, na média dos 40 anos, a exemplo, o corpo adulto pleno de Jesus quando morreu e ressuscitou, com menos de 40 anos! Não foi de graça que o salmista proclamou no seu hino número noventa, versículo dez: *"Os anos de nossa vida chegam a 70, ou a 80 para os que têm mais vigor; entretanto, são anos difíceis e cheios de sofrimento, pois a vida passa depressa, e nós voamos!"*

A sábia proclamação do rabino de Nazaré tem muito a ver também o que nos fala o final do livro do *Apocalipse de São João*, a nova Jerusalem que não necessita de Templos porque todas as criaturas de Deus são templos vivos do Altíssimo, constituem uma nação toda ela sacerdotal.

Não haverá mais leigos por oposição ou exclusão aos que servem e circundam o altar, o clero, a hierarquia, porque todos nós seremos o templo e o altar onde adoramos o três vezes santo!

"Gentalha" para os hebreus, mas favoritos no Reino de Deus

Como um judeu ortodoxo, Jesus teria evitado a região da Samaria, malvista e malquista pelas tradições de estrita fidelidade ao Templo de Jerusalém. Mas a missão de Jesus Nazareno tinha por critério maior, a estrita fidelidade à Vontade do Pai. E o Pai enviara-o para romper e superar todas as barreiras e limitações ao amor incondicional e sem fronteiras.

A bela narrativa do evangelho de João, anteriormente apresentada, oferece-nos uma meia dúzia de belas lições e ensinamentos nessa meditação sobre a busca do Reino de Deus.

A primeira delas é o espirito da abertura para a fraternidade universal. Jesus deixa o território de sua ancestralidade para levar sua mensagem do amor universal e incondicional para um mundo de fora das suas fronteiras. Se se limitasse a um profeta hebreu a

Samaria tinha de ficar de fora de sua jurisdição. Ali habitavam povos que cultuavam outras divindades. Todo judeu ortodoxo desprezava os samaritanos. Mas o nazareno trazia outra missão do Pai: reconciliar consigo todos os seus

O que descobre a samaritana?

A samaritana, como ocorre frequentemente no *Evangelho de João*, além de sua personalidade singular, é uma mulher representativa: simboliza e personifica a região da Samaria onde se deu o culto aos cinco deuses (2Rs 17,24ss), representados nos cinco maridos que havia tido. E o culto que prestavam a Javé na atualidade era ilegítimo, por não ajustar-se ao principio de um único santuario. A samaritana Samaritana simboliza a região de Samaria e também a todos aqueles que buscam a Deus por meio dos múltiplos erros ou buscas incessantes e equívocos da vida. Para o evangelista é, ao mesmo tempo, uma boa oportunidade para destacar o conhecimento sobre-humano de Jesus.

O problema do culto (João 4, 20-26) era um dos que mais preocupavam na época. Mesmo o templo sobre o monte Garizim sendo destruído no ano de 128 a. C. pelo sumo sacerdote Joao Hircano I, o culto ainda continuava sendo celebrado ah. Além disso, a comunidade samaritana possuía e possui um exemplo antiquíssimo da Tora.

Terceiro predicado do bom discípulo de Jesus: O compassivo samaritano: parábola de Jesus.

Cada um de nós tem seu bom samaritan.
Desenho Giulia, 7 anos

E eis que se levantou um certo doutor da lei, tentando-o, e dizendo: Mestre, que farei para herdar a vida eterna?

E ele lhe disse: Que está escrito na lei? Como lês?

E, respondendo ele, disse: Amarás ao Senhor teu Deus de todo o teu coração, e de toda a tua alma, e de todas as tuas forças, e de todo o teu entendimento, e ao teu próximo como a ti mesmo.

E disse-lhe: Respondeste bem; faze isso, e viverás.

Ele, porém, querendo justificar-se a si mesmo, disse a Jesus: E quem é o meu próximo?

E, respondendo Jesus, disse: Descia um homem de Jerusalém para Jericó, e caiu nas mãos dos salteadores, os quais o despojaram, e espancando-o, se retiraram, deixando-o meio morto.

E, ocasionalmente descia pelo mesmo caminho certo sacerdote; e, vendo-o, passou de largo.

E de igual modo também um levita, chegando àquele lugar, e, vendo-o, passou de largo.

Mas um samaritano, que ia de viagem, chegou ao pé dele e, vendo-o, moveu-se de íntima compaixão;

E, aproximando-se, atou-lhe as feridas, deitando-lhes azeite e vinho; e, pondo-o sobre o seu animal, levou-o para uma estalagem, e cuidou dele;

E, partindo no outro dia, tirou dois dinheiros, e deu-os ao hospedeiro, e disse-lhe: Cuida dele; e tudo o que de mais gastares eu to pagarei quando voltar.

Qual, pois, destes três te parece que foi o próximo daquele que caiu nas mãos dos salteadores?

E ele disse: O que usou de misericórdia para com ele. Disse, pois, Jesus: Vai, e faze da mesma maneira.
(Lucas 10,25-33)

Quarto predicado do bom discípulo de Jesus: O grato leproso samaritanos "as periferias humanas"

Jesus liberta e ilumina a vida dos samaritanos.
Desenho Giulia, 4 anos

Durante a viagem a Jerusalém, Jesus passou através de Samaria e da Galiléia.

'2 Ao entrar numa aldeia, vieram-lhe ao encontro dez leprosos, que, parando a uma certa distância, clamaram: Jesus, mestre, tem compaixão de nos!

Vendo-os, ele lhes disse: Idc, mostrai-vos aos sacerdotes. E enquanto iam ficaram purificados.

'5 Um dentre eles, vendo-só curado, voltou, glorificando a Deus em alta voz, e lançou-se aos seus pés com o rosto per terra para agradecer-lhe. E era samaritano.

'7 Então Jesus disse: Não ficaram curados todos os dez? Onde estão os outros nove?

'8 Não ha acaso nenhum outro que tenha voltado para dar glória a

Deus senão este estrangeiro?

'9 E lhe disse: Levanta-te e vai, a tua fé te curou. (Lc 17, 11-19)

Soletrando as Sagradas Escrituras

Jesus encontra-se com um representante dos samaritanos: o leproso curado, que reconhece com fé o dom salvífico. Importa lembrar que Lucas tem particular interesse pelos samaritanos. E verdade que o primeiro contato de Jesus com uma aldeia da Samaria não foi bem--sucedido. Os samaritanos não quiseram acolhê-lo, porque estava a caminho de Jerusalém; mas em seguida o prestigio dos samaritanos é resgatado com o protagonista da parábola que descreve o serviço ao próximo (*Lc* 10, 30-37). Enfim, no presente episódico, que Lucas recorda, é o samaritano – um estrangeiro, diz o evangelho – que volta a Jesus, glorificando a Deus em alta voz (17, 15). Esse é o ponto focal de toda a narração, sublinhado intencionalmente pela tríplice pergunta de Jesus (17,17-18). No mais, a narração segue o modelo estereotipado da cura de um leproso (cf. 5,12–16). A variação mais marcante é a ordem dada por Jesus antes de qualquer gesto ou palavra de cura: "Ide mostrar-vos aos sacerdotes" (Lc 17, 14). Todos os 10 confiam nessa palavra de Jesus, que contém ja uma promessa de cura. Todos tinham invocado a ajuda de Jesus, chamando-o com o nome usado só pelos discípulos: "Mestre" (17,13). Mas somente um samaritano.

2

Síntese do Caminho e dos 4 Predicados do bom discípulo do Mestre

O amor, espelho da face de Deus

Ainda que eu fale as línguas dos homens e dos anjos, se não tiver amor, serei como o sino que ressoa ou como o prato que retine.

Ainda que eu tenha o dom de profecia e saiba todos os mistérios e todo o conhecimento, e tenha uma fé capaz de mover montanhas, mas não tiver amor, nada serei.

Ainda que eu dê aos pobres tudo o que possuo e entregue o meu corpo para ser queimado, mas não tiver amor, nada disso me valerá.

O amor é paciente, o amor é bondoso. Não inveja, não se vangloria, não se orgulha.

Não maltrata, não procura seus interesses, não se ira facilmente, não guarda rancor.

O amor não se alegra com a injustiça, mas se alegra com a verdade.

Tudo sofre, tudo crê, tudo espera, tudo suporta.

O amor nunca perece; mas as profecias desaparecerão, as línguas cessarão, o conhecimento passará.

Pois em parte conhecemos e em parte profetizamos;

quando, porém, vier o que é perfeito, o que é imperfeito desaparecerá.

Quando eu era menino, falava como menino, pensava como menino e raciocinava como menino. Quando me tornei homem, deixei para trás as coisas de menino.

Agora, pois, vemos apenas um reflexo obscuro, como em espelho; mas, então, veremos face a face. Agora conheço em parte; então, conhecerei plenamente, da mesma forma como sou plenamente conhecido.

Assim, permanecem agora estes três: a fé, a esperança e o amor. O maior deles, porém, é o amor. (Primeira, Cor 13, 1-3)

Os discípulos de Emaus.
Neta Giulia, 5 anos

Um alimento sólido e puro

Através da Palavra de Deus rezada e meditada, Teresa de Lisieux descobriu o amor de Deus como fonte de comunhão e de solidariedade com todos, santos e pecadores, crentes ou não crentes. O Evangelho foi para ela o alimento sólido que nunca abandonou, mesmo quando a sua fé foi atormentada por uma terrível escuridão. "Os livros deixavam-me na aridez; quando abro um livro de um autor espiritual, sinto o meu coração fechar-se e leio sem compreender, ou então compreendo sem pôr lá o meu coração. É nestas circunstâncias que a Escritura e a Imitação me vêm em socorro e aí encontro alimento sólido e puro. É sobretudo o Evangelho que me ocupa durante a oração: nele encontro alimento, para a minha pobre alma. Descubro sempre coisas novas, luzes novas... Compreendo e sei por experiência que o reino de Deus está entre nós".

Qualquer pequenez pode ser estimada e transformada em missão permanente.

Aos olhos de Deus, é inestimável o valor da oração, do trabalho e do sacrifício oferecido pela missão da Igreja.

Escrever aos missionários, que se encontram no campo de trabalho, como ela fazia, não só manifesta interesse por uma causa que é de todos, mas é uma óptima forma de apoio e uma comunhão de fé, de oração e de oferta da própria vida.

Viver, como ela vivia, o momento presente dá intensidade e fecundidade a tudo aquilo que se faz como acto de amor a Deus e de amor a cada irmão: "Tu bem sabes, ó meu Deus, que para amar-te só tenho este momento.

(*História de uma alma* - Santa Teresinha – Disponível em: https://blog.cancaonova.com/vocacional/no-coracao-da-igreja-serei-o-amor/)

3

O Caminho de Jesus: O Amor que sintetiza os 613 preceitos da religião judaica

O judaísmo tem como elemento constituinte da sua crença 613 preceitos, que representam a regra de vida que deve seguir cada um para realizar o seu papel de judeu. Esse número é tirado da própria Torah, os cinco primeiros livros da Bíblia. Desse número, 365 são mandamentos negativos, proibições (*mitzvot taaseh*), e 248 são prescrições, mandamentos positivos (*mitzvot aseh*). Os mandamentos positivos, as prescrições, obrigam o judeu a realizar determinada ação, tal como a cricunsição do menino. Os negativos, ao contrário, proibem certos comportamentos, tais como usar, contemporaneamente, roupas feitas com linho e lã.

É verdade que, na prática, esses preceitos não são todos praticáveis, pois alguns requerem a existência do Templo de Jerusalém, que foi destruído no ano 70 da Era Comum. Outros preceitos, ao contrário, limitam-se aos homens e também outros às mulheres. Há também aqueles cujos destinatários são somente os kohanim, os membros da família sacerdotal, os descendentes de Arão, irmão de Moisés.

O significado do número 613

O número 613 tem um significado simbólico importante. A tradição rabínica dizia que os ossos do corpo humano eram 248 (mesmo número das prescrições). Já o número das proibições (365) tem a ver com os dias do ano. A mensagem que emerge é que os nossos 248 ossos precisam realizar 248 ações prescritas e que, a cada dia do ano, é necessário empenhar-se em não transgredir os 365 preceitos negativos.

Existe também um significado para o número 613, que não se limita à soma de 248 e 365. Tanto o Talmud (Makkoth 23b) quanto a Mishna dizem que o valor numérico (gematria) da palavra Torah é 611. A própria Torah diz que foi Moisés que transmitiu a Lei de Deus ao povo (Deuteronômio 33,4). Porém além desses mandamentos transmitidos por Moisés, existem outros dois que foram transmitidos por Deus mesmo: os primeiros dois dos 10 mandamentos, que estão na primeira pessoa do singular ("Eu sou YHVH, teu Deus, que te fiz sair da terra do Egipto, da casa dos escravos. Não terás outros deuses em desafio a Mim. 2. Não farás imagem esculpida"...). A soma, portanto, tem como resultado o número 613.

Como era constituída a lista dos 613 mandamentos?

Não existe uma lista definitiva e idêntica dos 613 mandamentos. Embora o número seja claro, existem dúvidas sobre quais são esses mandamentos. A lista mais famosa e que tem maior autoridade è aquela de Moisés Maimonides (Rambam), mas não elimina as contradições entre as listas das autoridades judaicas. Por exemplo, Maimonides diz que o mandamento 173 é a obrigação de nomear um rei como chefe do povo de Israel (quando as 12 tribos são reunidas). Essa, ao contrário, em outras autoridades judaicas, não é considerada um mandamento, mas apenas uma possibilidade dada a Israel. A tarefa de decidir definitivamente sobre a lista cabe ao Messias, quando vier.

Outras listas existentes dos 613 mandamentos são: *Sefer ha-Chinnuch* (livro da Educação), atribuído ao Rabino Aaron ha-Levi, de Barcelona; *Sefer ha-Mitzvoth ha-Gadol* (o *Grande Livro dos Mandamentos*), do Rabino Moisés de Coucy; *Sefer ha-Mitzvot ha-Katan* (o *Pequeno Livro dos Mandamentos*), do Rabino Isaac de Corbeil; *Sefer Yere'im* (o *Livro do Temor de Deus*), do Rabino Eliezer de Metz; *Sefer ha-Mitzvoth*, do Rabino Yisrael Meir Kagan, que apresenta os mandamentos válidos para o tempo de hoje.

(Diponível em: https://www.abiblia.org/ver.php?id=1230?)

A força da mensagem de Cristo está exatamente em levar a filiação divina a todas as pessoas de boa vontade e de coração generoso. Sem excluir ninguém: nem o estrangeiro, nem o opressor, nem o rico.

Com esses objetivos pedagógicos, o evangelista realça três predicados necessários para ser incluído na nova comunidade defendida por Jesus. O pleiteante do benefício prodigioso era um estrangeiro, normalmente excluído entre os judeus. Mas em seu favor ele apresenta três qualidades extraordinárias: humilde, generoso e de muita fé. Quando Jesus se dispõe a ir à sua casa, respondeu o centurião:

> Senhor, não mereço receber-te debaixo do meu teto. Mas dize apenas uma palavra, e o meu servo será curado. Pois eu também sou homem sujeito à autoridade, com soldados sob o meu comando. Digo a um: "Vá", e ele vai; e a outro: "Venha", e ele vem. Digo a meu servo: "Faça isto", e ele está faz. (Lc 7, 8)

Ao ouvir isso, Jesus admirou-se e disse aos que o seguiam,

> Digo-lhes a verdade: Não encontrei em Israel ninguém com tamanha fé.
>
> Eu lhes digo que muitos virão do Oriente e do Ocidente, e se sentarão à mesa com Abraão, Isaque e Jacó no Reino dos céus. Mas os súditos do Reino serão lançados para fora, nas trevas, onde haverá choro e ranger de dentes. (Mt 8,8-12).

E sabemos quanto é importante para todos os discípulos de Jesus esse poderoso testemunho que o centurião romano legou-nos. A liturgia da Igreja propõe-nos esses pré-requisitos na própria liturgia da celebreação eucarística quando, antes da comunhão proclamamos: "Senhor, eu não sou digno que entreis em minha casa, mas dizei uma só palavra e minha alma será salva!".

4

Idiossincrasias

Primeira provocação: por que o antagonismo hebreus X palestinos?!

Hebreus X palestinos – arbítrio da ONU

Sem conseguir resolver a polarização entre o nacionalismo árabe e o sionismo, o governo britânico levou a questão à ONU. Em 29 de novembro de 1947, a Assembleia Geral aprovou um plano de partilha da Palestina, que recomendou a criação de um Estado árabe independente e de um Estado judeu, além de um regime especial para Jerusalém.

O plano foi aceito pelos israelenses, mas não pelos árabes, que o viam como uma perda de seu território. Por isso, nunca foi implementado.

Um dia antes do fim do mandato britânico da Palestina, em 14 de maio de 1948, a Agência Judaica para Israel, representante dos judeus durante o mandato, declarou a independência do Estado de Israel. No dia seguinte, Israel solicitou a adesão à ONU e foi aceito um ano depois. Hoje, parte dos membros da organização ainda não reconhece o Estado israelense – o mesmo vale para a Palestina.

O que falta para que haja uma oportunidade de paz duradoura?

Israelenses teriam de aceitar a criação de um Estado soberano para os palestinos, o fim do bloqueio à Faixa de Gaza e o término das restrições à circulação de pessoas e mercadorias nas três áreas que formariam o Estado palestino: Cisjordânia, Jerusalém Oriental e Faixa de Gaza.

Grupos palestinos precisariam renunciar à violência e reconhecer o Estado de Israel. Além disso, teriam de chegar a acordos razoáveis sobre fronteiras, assentamentos e o retorno de refugiados.

No entanto, desde 1948, ano da criação do Estado de Israel, muitas coisas mudaram, especialmente a configuração dos territórios disputados após as guerras entre árabes e israelenses. Para Israel, esses são fatos consumados, mas os palestinos insistem que as fronteiras a serem negociadas devem ser aquelas existentes antes da guerra de 1967.

Além disso, enquanto no campo militar a tensão é constante na Faixa de Gaza, há uma espécie de guerra silenciosa na Cisjordânia, com a construção de assentamentos israelenses, o que reduz, na prática, o território palestino nestas áreas.

Mas talvez a questão mais complicada pelo seu simbolismo seja Jerusalém. Tanto a Autoridade Palestina, que governa a Cisjordânia, quanto o Hamas, em Gaza, reinvindicam a parte oriental como a capital de um futuro Estado palestino, apesar de Israel tê-la ocupado em 1967.

Um pacto definitivo dificilmente será possível sem resolver esse ponto, questão agora ainda mais complexa após a decisão americana de reconhecer a cidade como capital de Israel e transferir sua embaixada para lá.

Segunda provocação: Sansão foi o primeiro "homem bomba" (Opinião do autor)

A reflexão a respeito da história de Sansão e Dalila abre-nos uma janela sobre a ciência de como a Bíblia surgiu e foi formada. Não foi de um dia para o outro. Surgiu por um processo lento seguia o lento abrir da consciência do povo que vai percebendo melhor a sua responsabilidade à luz de Deus. Assim, acontece que, na Bíblia, e até dentro do mesmo livro, haja diversas estratificaCoes, provenientes de diversas épocas. No nosso caso, temos a história de Sansão, vista, de um lado, com os olhos do escritor que vivia no tempo do rei Josias e, de outro lado, com os olhos do povo que vivia centenas de anos antes, sob a opressão dos filisteus. O livro dos Juízes dá a impressão de ser uma construção nova, feita com tijolos antigos. O estudo desse livro da Bíblia mostra interesse da Bíblia não é conservar simplesmente as histórias antogas mas conservá-las de tal maneira que possam oferecer ao povo uma visão atualizada de fé sôbre o presente que está sendo vivido. O objetivo da Bíblia é manter o povo acordado, cônscio da sua responsabilidade.

Todo mundo conhece a historia bíblica de Sansão, que desde o nascimento não tomava bebida alcoólica e foi abençoado por Deus com uma força extraordinária. Vejamos a narrativa biblblica: Juízes, capítulos 13 a 16.

Ele foi um juiz, chamado Sansão. Foi Javé quem deu a Sansão a força. Já antes de ele nascer, Jeová disse à mãe dele: 'Você vai ter um filho. Ele vai tomar a liderança em salvar Israel dos filisteus.'

Os filisteus eram um povo ruim que morava em Canaã. Tinham muitos guerreiros e prejudicavam Israel. Certa vez, indo Sansão para onde moravam os filisteus, confrontou-se com um grande leão.

Mas ele matou o leão só com as mãos. Matou também centenas de filisteus maus.

Sansão enamorou-se duma mulher chamada Dalila. Os líderes filisteus prometeram cada um dar a Dalila 1.100 moedas de prata se ela lhes contasse o que tornava Sansão tão forte. Dalila não era amiga de Sansão, nem do povo de Deus, mas queria o dinheiro. Insistiu em perguntar a Sansão sobre o que o fazia forte.

A história de Sansão revela ainda a sinceridade com a qualo povo apresentava o seu próprio passado: não encobre nada Sem aprovar os erros cometidos, percebe o que há de bom em tudo aquilo. E nesse ponto a Bíblia tem razão até hoje. Basta olhar história humana: tôda a ação humana é ambivalente, mistura de bem e de mal. As vêzes, o mal existe na raiz da ação, enquanto a superficiente parece boa. Jesus condenou essa atitude como farisáica, pois o exterior não reflete o interior. As vêzes, o mal existe na superfície enquanto a raiz é boa. E uma atitude que agrada mais a Deus do que a primeira, pois Jesus acolhe os pecadores, os publicanos e as prostitutas. Sansão era um homem com muita maldade na superfície mas na raiz havia algo de muito bom: sinceridade, autenticidade, amor à liberdade. Além disso, a própria história da Igreja é uma mistura de beme de mal. Coisas horríveis foram feitas em nome de Deus: certas atitudes tomadas pelas Cruzadas, pela Inquisição, na perseguição dos heterodoxos no comêço dêste século. Não temos direito de condenar as atitudes de Sansão. Elas, ao contrário, probocam um confronto com a nossa consciência. Finalmente, cada um, examinando a sua vida e a concatenação dos seus atos, percebe que a mistura do bem e do mal é fina. Mas nem por isso, Deus está ausente da nossa vida. Ora, a Bíblia tira a máscara e diz cla mente. Nós somos assim!». Não encobre nem justifica, mas reconhece e confessa, tentando «reformar» e «converter»

O mundo não gosta de homens livres, homens que não seguema lei da maioria, que desafiam todo mundo e incomodam amigos e inimigos, como Sansão o fazia. Mas, muitas vêzes, são êles que,

como Sansão, preparam um futuro melhor. Podem ter muitos erros como Sansão e tantos que hoje lutam por um futuro melhor

Mas desconhecer o positivo e o apelo de Deus nessas figuras, tanto de ontem como de hoje, vem a ser aquilo que Jesus chama de «pecado contra o Espírito Santo». Dele disseram que tinha o

Demônio no corpo, porque Jesus incomodava e tirava a muitos de sua tranquilidade. Para justificar-se atribuíam ao adversário maior de Deus aquilo que Deus estava fazendo para libertar os homens por meio de Jesus Cristo (*cf.* Mc 3,23-30). Esse pecado não tem perdão, porque tampa o buraco por onde poderia vir a água para lavar e purificar o êrro que existe em nossa vida. É cortar na raiz qualquer tentativa de «reforma» sob o pretexto de querer fazer reformas e renovação.

Sansão, por fim, contou-lhe o segredo. "Meu cabelo nunca foi cortado", disse. "Desde que nasci, Deus me escolheu como servo especial, como nazireu. Cortando o cabelo, perco a força.".

Dalila, ao saber disso, fez Sansão dormir. Chamou então um homem para cortar o cabelo dele. Quando Sansão acordou, já não tinha mais força. Então foi preso pelos filisteus. Estes vazaram-lhe os olhos e o fizeram escravo.

Sansão, o homem bomba, empurra as colunas para derrubar o prédio sobre os filisteus

Certo dia, os filisteus fizeram uma grande festa para seu deus Dagom, trazendo Sansão para diverti-los. Mas o cabelo dele já tinha crescido de novo. Sansão disse ao menino que o guiava: 'Leve-me às colunas que sustentam o prédio.' Daí, ele orou a Javé pedindo força e se apoiou nas colunas. Ele clamou: 'Morra Sansão com todos os filisteus que aqui estão!" Os 3 mil filisteus na festa morreram quando Sansão forçou as colunas e o prédio desabou.

Pelos relatos da imprensa atual, nenhum "homem bomba" matou mais inimigos que Sansão, nesse relato bíblico.

Terceira provocação bíblica – Josué foi o "criador do MST" (Opinião do autor)

Talvez, por provir de família de pequenos proprietários rurais, logo que me familiarizei com as Sagradas Escrituras, senti-me fascinado pelas aventuras e peripécias dos hebreus, conquistando sua canana pelas astúcias do indômito guerreiro Josué, sucessor de Moisés. Claro que me impressionou vivamente, o mágico e misterioso evento de terem conseguido desmoronar as muralhas de proteção da cidade, após rodearem sete vezes a cidade. Cercaram a cidade por 7 dias, e as muralhas desmoronaram com o poder divino e então a cidade foi invadida e totalmente destruída, sob a liderança de Josué.

Depois de lermos essa narrativa, é fácil perceber a relação entre o feito de Josué e o do MST. Sendo que, se existe invasão e expropriação ela acontece, com mais gravidade no feito bíblico de Josué que nos atos do MST.

Na narrativa bíblica, vemos que os hebreus invadiram uma cidade bem conhecida, estabelecida e respeitada, constituída pelos chamados filisteus. Filisteus são os atuais palestinos. Os invasores consideram-se legítimos proprietários, e os antigos proprietários, expropriados na guerra de conquista de Josué, são vistos e considerados como impostores.

Já o MST tem uma pauta bem definida para ocupação de propriedades rurais. Até onde tenho conhecimento, as chamadas "invasões" do MST ocorrem sempre segundo o princípio de que toda propriedade de terra, antes de tudo, requer um titulo de posse bem definido, sem subterfúgios legais. E, em segundo lugar, precisa cumprir uma função social. Quando a propriedade é meramente especulativa, visando a auferir lucros e vantagens financeiras pelo acúmulo de terras, esse bem, como propriedade, não se justifica e pode ser ocupado, com vistas a uma posterior titulação legal.

Acontecem ocupações quando aquela propriedade foi adquirida com expedientes fraudulentos ou ainda o proprietário adquiriu determinada extensão e acaba invadindo áreas adjacentes que estejam ociosas ou não ocupadas.

No confronto das situações, temos: Josué com seus valente guerreiros, arrombaram sólidos muros e invadiram o território já habitado. Naturalmente, os escorraçaram de suas habitações e delas se apossaram, como despojos de guerra. Já nossos modestos agricultores do MST, quando muito, derrubam ou cortam cercas de arame.

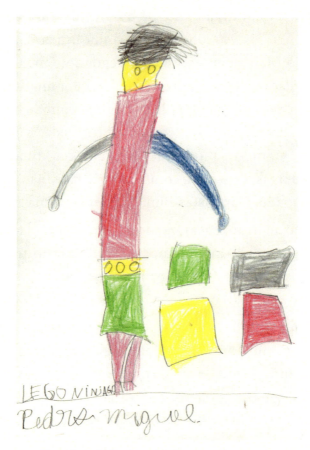

Josué faz a "reforma agrária" na terra dos outros.
Pedro Miguel

Poderíamos indagar, já que perguntar não ofende. Supondo-se que Deus tenha autorizado, determinado, ajudado na ocupação de invasão de Canaã, expropriando seus legítimos ocupantes e proprietários, seria isso, aos olhos de Deus, justo, legitimo, correto, certo? Teologicamente correto e justo?

A Queda dos muros de Jericó (Js 6, 1-20)

Logo após a travessia do Jordão, os filhos de Israel defrontaram-se com a cidade de Jericó, habitada por cananeus hostis. Tiveram de se dispor ao assalto do reduto inimigo, obtendo, por fim, estrondosa vitória.

Havendo os filhos de Israel acampado diante de Jericó, os habitantes da cidade, confiantes no poder de suas muralhas, fecharam-se no seu interior, esperando que a penúria ou alguma inclemência da natureza obrigasse os invasores a retroceder. Foi então que, a mandado do Senhor, os guerreiros hebreus, junto aos sacerdotes, que levavam a arca de Javé, por seis dias consecutivos, deram processionalmente à volta da cidade (a qual não devia ter perímetro muito longo, para poder ser bem defendida); os desfiles se fizeram ao som das trombetas dos sacerdotes. No sétimo dia, efetuaram sete circuitos, após os quais ressoaram as trombetas; a estas os 40 mil filhos de Israel [*cf.* Js 4, 13] responderam imediatamente com brado poderosíssimo; em consequência, as muralhas de Jericó desmoronaram, e os assaltantes puderam penetrar na cidade.

EPÍLOGO

Carta testemunho aos viandantes

> *Quando admiro os teus céus, obra dos teus dedos, a lua e as estrelas que ali estabeleceste, pergunto: Que é o ser humano para que com ele te importes? E o filho de Adão para que venhas visitá-lo? Tu o fizeste um pouco menor do que os anjos e o coroaste de glória e de honra.*
> *(Salmo 8,3-5)*

"Barco O Pirata", alegoria e retrato-caminho de minha vida.
Artefato de autoria do escritor.

Os que me conhecem mais de perto sabem da minha estima e apreço pelas Sagradas Escrituras. Assim, começo essa carta-testemunho chamando atenção para algumas semelhanças, muito interessantes, que encontrei entre minha vida e diversas passagens da Bíblia.

A primeira delas está ligada ao que lemos no primeiro capítulo de Jeremias, versículo cinco: "Antes mesmo de te formar no ventre materno, Eu te escolhi; antes que viesses ao mundo, Eu te separei e te designei para a missão de profeta para as nações!".

E a razão de ser desse inevitável sentimento de ser objeto de predileção e especial apreço por Alguém que teve o cuidado de estender uma espécie de tapete vermelho sob meus pés é que, contando já minhas oito décadas de jornada, olhando para trás, sobre meus ombros, encheria páginas e páginas, se fosse enumerar as inúmeras situações em que me vi protegido e favorecido por alguém muito poderoso... mas muito poderoso mesmo que teve o cuidado de proteger-me e retirar de minha trilha, pedras de tropeço, como diz o salmo noventa e um:

> [11] "Porque a seus anjos Ele dará ordens a teu respeito, para que te guardem em todos os teus caminhos; [12] com as mãos eles te susterão, para que jamais tropeces em alguma pedra."
>
> [13] Poderás pisar sobre o leão e a víbora; pisotearás o leão forte e a serpente mais vil.
>
> [14] "Porquanto ele me ama, Eu o resgatarei; Eu o protegerei, pois este conhece o meu Nome".

Além disso, como relato em meu livro, "O Viandante"..., desde a infância, me vi atraído e encantado com o mundo mágico e cheio de mistérios das diversas práticas da nossa religião católica. Inexplicavelmente, por insondáveis desígnios da Providência divina, pessoas consagradas a Deus compareceram desde muito cedo no cenário de minha vida. A primeira delas foi minha avó paterna, Magdalena Dias, professora e catequista, a quem devo a bela oração da noite que meu pai teve a paciência e dedicação de ensinar aos seus três filhos homem.

Lembro-me, como hoje. Estávamos ainda residindo em nossa cidade natal, Babaçulândia. Não havia luz elétrica no povoado, que, na verdade, era constituído de uma só rua, ao longo de um caminho que ia ter no Rio Tocantins. As lamparinas a querosene eram acesas e dependuradas nas paredes do corredor central da casa. Já anoitecendo, antes de nos recolhermos às nossas redes para dormir, papai fazia-nos assentar nos nossos tamboretes, por ele mesmo confeccionados. Cada um de nós tinha o seu e o reconhecia. O lugar preferido era sempre a calçada da frente de nossa casa que ficava já nas proximidades do rio Tocantins. Primeiro, fazíamos o sinal da cruz. Depois, lenta e pacientemente, nosso pai fazia-nos repetir a oração da noite que, de certo, aprendera com sua mãe, nossa avó paterna, Magdalena Dias, então já falecida.

Como testemunho de minha gratidão ao meu querido e dedicado pai e a essa sábia avó, que não tive a dita de conhecer, registro aqui, de memória, essa bela prece que decorei na minha infância e, até hoje, já aos oitenta anos, bem viva a mantenho em meus labios, recitando-a, devotamente, todas as noites! Ei-la:

"Com Deus eu me deito, com Deus me levanto; o amor e a graça e o Divino Espírito Santo. Senhora do pranto, cobri-me com vosso santo manto. Se nele coberto sou, não terei medo nem pavor, nem de coisa que mal for. Na sepultura da vida, Senhor, eu vou me deitar. Se a morte vier me buscar e minha boca não puder falar, meu coração três vezes dirá: Jesus, Jesus, Jesus, minhalma quer se salvar! Jesus, Jesus, Jesus encaminhai meus passos para o caminho da luz!".

Como ia dizendo. Muitas outras vivências agradáveis, pouco a pouco, foram cativand-me e direcionando para o mundo do sagrado e do transcendente. Além disso, desde a tenra idade que, muitíssimas vezes, ouvia minha mãe declarando: "Meu tio padre isso; meu tio padre aquilo!" E, sempre que vinha ao caso, lá se vinha minha mãe repetindo "meu tio-padre, bem que dizia!" Assim, desde muito cedo, fui comparecendo e frequentando o território do sagrado.

E, como se isso não bastasse, presbíteros virtuosos e inteiramente comprometidos com o ministério sagrado também ingressaram nas minhas vivências juvenis, causando-me boas, belas e profunda impressão, como o asceta, quase anacoreta, padre José Momenço que tinha por cama uma velha e dura tábua de janela. E, quando estávamos ajudando nas obras de reforma da humilde igrejinha, ele passava para nós todos os gostosos biscoitos e bolos que as senhoras caridosas traziam-lhe e, para se alimentar, contentava-se em comer café misturado com farinha, numa espécie de gororoba.

Sem dúvida, essa vivência desafiadora, aos poucos, também me atraiu para o encantamento das coisas sagradas.

Assim é que, chegando aos 40 anos, já me encontrava identificado, integrado e trafegando no mundo do sagrado.

Mas, depois de pouco mais de uma década de prazerosa e instigante vivência do sagrado, certa instabilidade e vazio emocional foram empurrando-me para a busca de algo mais que me parecia faltar!

Assim, é que, sem demora, talvez também por insondáveis e inexplicáveis designios do alto, de repente; não mais que de repente, um par de olhos de anil celeste provocou um cataclisma carregado de irresistível magia que nem a distância, nem o tempo preenchiam.

E é exatamente aqui que já esbarro no segundo paralelo e analogia entre minha vida e a Bíblia. Vejamos. No Gênesis, primeiro livro da bíblia, encontramos Esaú, o primeiro filho de Isaac, que, exatamente por ser o mais velho, pelas tradições de seu povo, tinha direito à ambicionada bênção da primogenitura. Esaú era um exímio caçador. Um dia, porém, não teve êxito em sua caçada e chegou a sua casa, ao fim do dia, cansado e morto de fome. Sentindo o agradável odor de um prato de lentilhas, que sua mãe preparara ao seu irmão Jacó, com ele negociou seu direito de primogenitura. Assim para preencher seu estômago vazio, teve de abrir mão dos favores do alto em proveito das necessidades de baixo. Uma bênção, por um prato de lentilhas!

Pois foi exatamente essa a sensação que experimentei ao trocar o direito de administrar as coisas da religião, pelo direito de reestabelecer o equilíbrio e apaziguamento dos meus afetos. De alguma forma, também eu, como Jacó, troquei certo direito de primogenitura por um simples prato de lentilhas! Não podendo juntar o lar ao altar, tive que abrir mão do altar.

Continuando a farejar analogias entre minha vida e a Bíblia, enxergo, ainda relacionado ao citado episódio bíblico, um segundo e bem interessante paralelo.

Ei-lo! Para libertar seu povo do cativeiro, Deus escolheu Moisés. Este, tendo de fugir da corte do Faraó por ter matado um egípcio que maltratava seu conterrâneo foi se ter na propriedade do sacerdote Jetro em Midiã. E aí, acabou se casando com uma de suas filhas Zíporá (Séforá, Séfora).

E veja que intrigante e instigante coincidência. A gaúcha, dona do par de olhos cor de anil, tinha se consagrado numa irmandade religiosa, com o nome de Séfora. Sim, isso mesmo: Séfora (Zíporá).

Alguém poderia me explicar, por que cargas dágua me haveria que afinizar, me fascinar, exatamente por uma gaucha de nome Séfora, homônima da midianita Ziporá? Pois eu, no exercicio de administrar as coisas sagradas do altar, numa boa teologia era, também eu, uma espécie de Moisés, incumbido de pastorear ovelhas, os fiéis da Igreja católica.

Assim, pelo visto, "meu tio padre", como um fantasma materno, continuou rondando as trilhas de minha vida!

Alegorias de Zipora e Moisés .
Giulia, 7 anos

Continuando nas analogias bíblicas, posso apontar mais um interessante paralelo. A "midianita", gaúcha, conjugando-se com o "hebreu", goiano, ganharam de Deus dois belos e preciosos presentes, masculinos também, como os dois filhos de Isaac. E, pois, nomeamos nosso Esaú e Jacó, com os bíblicos apelativos de Daniel, nosso profeta e Davi, o nosso rei. E, por falar em Davi, consta que esse rei poeta compôs os cento e cincoenta salmos da Bíblia. Assim, aproveito para inserir aqui um "salmo" que compus ao término de um curso bíblico que fiz, já residindo em Curitiba. Nele, reconheço e agradeço a divina benevolência em minha vida. Ei-lo:

> Senhor, meu Deus, Pai e Mãe! Dou-Te infinitas graças porque me tens sempre amparado sob as poderosas "asas" de Tua indefectível misericórdia, em comunhão com este maravilhoso Universo que Tuas sábias "Mãos" plasmaram!
>
> E Te louvarei por todos os dias de minha vida, porque habitas em todas as células do meu ser e me concedes ainda sustentar em minhas narinas o sopro da mesma vida que habita e anima toda a constelação dos seres que, como eu, também partilham do santo hálito do Teu Divino Espírito!
>
> E ainda Te rendo mil graças, Meu Senhor, por me teres permitido entrar, para sempre, na corrente sangüínea da eternidade, pelos dois belos filhos e os quatro lindos e preciosos netos que nos concedeste e que Tua prodigiosa "mão" extraiu de nossas entranhas. Amém!

Depois de descrever e caracterizar o berço e o perfil de minha família, volto agora meus olhos para as novas "plantinhas" que estão brotando como segunda geração de nossa família. Sete anos de tirocínio na função de avô, registro aqui minhas impressões "digitais" sobre esse delicado assunto. Com os nossos filhos, experimentamos uma especie de amor comprometido mas absorvido. Já com os netos experimentamos um amor sorvido com mais intensidade por não estarmos mais absorvidos nos trabalhos do dia-a-dia!

No fundo, os avós amam com um amor de espécie diferente. Amo infinitamente cada um deles. Por cada um deles, cada um deles bem o sabe, dou tudo o que tenho. E me sinto feliz e gratificado por lhes dar qualquer coisa que me peçam e esteja ao meu alcance dar.

Em órdem cronológica, o primeiro descendente que nos promoveu e investiu no seleto clube dos avós foi o primogênito de nosso querido caçula o Davi. Pedro Miguel é o seu nome. Não sei se foi intencional, mas esse nome Pedro, antes de tudo, lembra o pescador, escolhido por Cristo para ser o Kéfas, a pedra de assentamento do pequeno rebanho angariado por Cristo, Nosso Sernhor e mestre! Mas, além disso, Pedro é o nome de meu avô materno, o generoso e terno Iôiô, como carinhosamente o chamávamos. No meu primeiro livro, "O Viandante"... dedico a ele uma bela crônica. E quando o nosso Pedrinho alcançar os dez anos, proponho que leia essa bela página que dedico ao meu querido avô materno e gostaria que, por extensão, seja também uma homenagem ao Pedro Miguel, pelo belo e significativo nome que carrega! A crônica se chama: "Cenário paradisíaco" da página 52 do livro "O Viandante..."

No corrente ano, em setembro, Pedro Miguel fará apenas oito aninhos. Essa criaturinha, às vezes, até me assusta com a precoce maturidade e profundidade das coisas que ele diz. É uma pessoa muito centrada e compenetrado. Parece pensar muito, tudo o que diz! Por diversas vezes, ouvi de sua boca, declarações cheias de verdade e muito precoces, para sua idade! Algumas coisas que saem de sua boca são tão intensas que até me deixam perplexo!

Deus o equipou com grande capacidade intuitiva e uma ilimitada percepção afetiva! Mostra-se muito empenhado em manter a harmonia do afeto, por igual, com os pais e com sua querida irmãzinha!

Sendo ele o primogênito marcou-me, talvez, mais profundamente. Assim, ao receber uma foto da escolinha onde estudava, contemplando-a, detidamente, fiz uma espécie de apologia daquela sua imagem. Ei-la: Carrega na face a serenidade e a seriedade da compenetração de quem, absorto, contempla um cenário mágico e não quer perder nenhum detalhe do que assiste.

Os cabelos em desalinho, nos lembram os de um daqueles piedosos anjos barrocos, de bochechinhas rosadas e salientes, das nossas igrejas de São João del Rei. O rostinho muito bem traçado e proporcional. Os lábios cerrados, a face erguida. A expressão do olhar é de indagação e perplexidade. Os olhos fixam o quadrante da sua direita. E, como potentes faróis ou um luminoso traço que rasga a linha do horizonte. Por trás das coisas visíveis, parece que contempla uma corte angelical como aquela descrita por Rafael Sânzio, ou naquela outra esboçada por Miguel Ângelo, no dramático cenário do juízo final estampado na capela Sistina.

Foi nessas alturas de seus anos que, um belo dia, fui solicitado a fazer-lhe companhia, numa tarde de seu descanso vespertino. Já familiarizado com minha companhia, ao acordar, tranquilamente de seu sono e notando que eu repousava ao seu lado, dirigindo e mantendo os olhinhos no teto da sala de visita onde repousávamos, tranquilamente, com sua mãozinha direita, por duas vezes, suavemente, tocou-me a face apontando para o teto indicando-me que por ali havia algo de extraordinário e muito interessante. Claro que fixei meus olhos e atenção, atentamente, para o ponto indicado, mas não vislumbrei nada. Mas ele mantinha tranquila e fixamente o olhar no mesmo ponto invisível. Ele ainda insistiu, apontando para o mesmo invisível ponto. Mas meus olhos, por mais que buscasse, nada enxerguei!

Cá comigo mesmo pensei e concluí que acabava de testemunhar algo extraordinário. Meu netinho, com certeza, estava vendo algo que eu não conseguia nem podia ver!

Vasculhando minhas lembranças, recordei-me da bela passagem que Jesus nos adverte em Mt 18, 10: "Cuidado para não desprezarem um só destes pequeninos! Pois eu lhes digo que os anjos deles nos céus estão sempre vendo a face de meu Pai Celeste".

O segundo neto com que Deus presenteou-nos é a prestimosa e exuberante Giulia. É dona de um par de olhos muito intensos e falantes. Está caminhando para os 6 aninhos. Muito determinada e segura de si, parece saber exatamente o que quer e aonde deseja chegar. Vendo-a nadar e mergulhr, com desenvoltura, numa piscina, enxerguei-me na idade dela, como uma piabinha, batendo água no Rio

Corrente, nas terras do Iôiô. E recordei-me, ainda, já mais taludinho, brincando perdidamente nas águas do rio Tocantis e competindo com colegas ou, ainda, nos arriscados mergulhos e travessias das manilhas da pequena barragem do ribeirão de Porto Nacional.

A netinha Giulia tem um pendor especial pelas artes. Desenha, com capricho, lindas flores e borboletas. Tem muitos predicados de uma atleta vitoriosa mas, exibe também o empenho e o pendor para a magia de uma promissora bailarina. Poderá ser muita coisa na vida. Professora, médica, atleta? Bailarina? Quem sabe? Pelo capricho e determinação que demonstra, tenho certeza de que poderá ser uma brilhante profissional em qualquer um desses cenários!

Seguindo a ordem cronológica, o terceiro neto que nos veio visitar e integrar-se à corrente sanguínea de nossa família sacerdotal é a Pietrinha. Linda moreninha, cor de canela, com intensos e profundos olhinhos expressivos, "mais negros que asas da graúna", para usar as palavras do escritor cearense, José de Alencar, em seu belo romance dedicado a Iracema. É também uma criaturinha muito determinada e cheia de vontades. Parece ter um prazer especial em mandar e comandar seu avô, que, na verde, sente muito prazer em obrdecer-lhe os caprichos, de suas variadas brincadeiras. E nisto, faz-me lembrar muito o estilo e o perfil da Emilinha do Monteiro Lobato, em seu *Sítio do Pica-pau amarelo*.

O quarto número sagrado de nossos netos é a caçula dos netos, a Giovana. Dos quatro netos, parece ser a que, fisicamente, mais se parece com a avó paterna, À primeira vista, não é de muita conversa. Aparenta ser muito voluntariosa. Não gosta de liberar seu sorriso num primeiro encontro. De início, mostra-se esquiva e reservada. Dá a impressão de ficar na retaguarda, aguardando que lhe conquistem a atenção e o interesse. Está caminhando ainda para os 3 aninhos. Depois de capturada pela simpatia, demonstra gosto e apreço pela ironia.

Ao encalço das galáxias.
Giulia, 7 anos

Ao finalizar essa "Carta testemunho", ofereço aqui algumas pinceladas para meu autorretrato.

Se fosse definir quem sou, no aspecto psicológico do meu ser, não disponho de melhores palavras que as que encontrei num dos escritores brasileiros que mais admiro, o culto e erudito médico e diplomata, mineiro, João Guimarães Rosa em seu belo romance *Grande sertão: veredas*.

> Eu sou é eu mesmo. divirjo de odo mundo. Eu, quase que nada não sei. Mas desconfio de muita coisa [...] Para pensar longe, sou cão mestre... O senhor solte em minha frente uma ideia ligeira

> e eu rastreio essa por fundos de todos os matos, amém! [...] Vivendo se aprende; mas o que mais se aprende, é só a fazer outras maiores perguntas.

Na dimensão da fé, me definiria como adepto incondicional da seita judaica de Jesus de Nazaré e incondicionalmente também devoto da querida madrinha, Maria de Nazaré, mãe de Ieshua, ben Mirian, ben Ioussef, ben Iahveh Elohins.

E, olhando para trás e por cima dos ombros, examinando os oitenta e dois anos de vida que já vivi, sou assaltado e dominado por uma infinita gratidão ao Deus maravilhoso que me distinguiu com privilégios inexplicáveis que, de certo, ultrapassam, de muito, meus merecimentos pessoais. Tirando pequenas travessias de algumas trevas, borrascas e tempestades que enfrentei e atravessei o que avisto em todo o estirão de meu itinerário é um imenso tapete vermelho que o Mestre Nazareno, sua mãe Santíssima Virgem Maria e o meu dedicado e incansável anjo da guarda vão sempre estendendo sob meus pés.

Porém, nesse horizonte e cenário cor de anil, céu de brigadeiro, vislumbro uma pequena sombra ou mancha, enorme e inquietante indagação: por que teria Deus me concedido já mais de oito décadas de vida enquanto meu pai viveu apenas 55 anos de vida, e minha mãe extinguiu-se antes de completar os 70 anos? E, de dentro dessa primeira indagação, poderia extrair outra mais intrigante ainda: muitos e numerosos anos são benção ou castigo?

Recorrendo à Bíblia, encontramos o Salmo 90, versículos 10 a 12 que nos informa:

> A duração da nossa vida é de setenta anos, e se alguns, pela sua robustez, chegam a oitenta anos, o melhor deles *é* canseira e enfado, pois passa rapidamente, e nós voamos. Quem conhece o poder da tua ira? E a tua cólera, segundo o temor que te é devido? Ensina-nos a contar os nossos dias, de tal maneira que alcancemos coração sábio.

LÉXICO DE TERMOS RAROS

Abelardo, Pedro (1079-1142)

Nasceu em La Pallet (Nantes) e morreu na abadia de Saint-Marcel. Dialético formidável e teólogo excelente, provocador irresistível em sua vida e em sua obra, constante objeto de polêmica.

Ninguém melhor que ele para nos dizer quem era, como era e o que se propôs fazer. Abelardo deixou para nós em *Historia calamitatum* a trajetória e o sentido de sua vida e de sua obra. Esse juízo completa-se na correspondência epistolar posterior com Heloísa, a freira que foi sua amante e esposa. As declarações de fé, feitas no final de sua vida, completam a visão que tinha de si próprio. Do que se conclui que Abelardo, antes de mais nada, quis ser cristão. "Não quero ser filósofo se isso significa estar em conflito com Paulo, nem ser Aristóteles se isto me separa de Cristo". Porém, um cristão que não renuncia a pensar por sua conta e que vê, na razão humana, um instrumento imprescindível para penetrar nas coisas divinas e humanas, um cristão que, acertadamente ou não, quer ser homem e afirmar-se como tal.

Interpreta-se, pois, a vida de Abelardo a partir da necessidade que ele sentia de investigar a verdade e de transmiti-la aos demais. Nada conseguiu afastá-lo dessa tarefa, que nele ganha sentido de luta. A luta pela verdade, pela sua verdade.

Abelardo foi, primeiro, discípulo de Roscelino e de Guilherme de Champeaux. Mais tarde, discípulo de teologia nas aulas de Anselmo de Laon. Polemizou com todos os seus mestres. Depois de ensinar em

Melun e Corbeil, chegou a Paris onde fez de suas aulas um clamor da multidão (1100). Paris correu atrás dele desde 1114-1118, atraído por seu magnetismo físico e intelectual: é o mestre por excelência. Nem o encontro amoroso com Heloísa, nem o desenlace fatal do mesmo – a mutilação de sua virilidade pelas mãos de seus adversários dirigidos pelo cônego Fulbert – nem o conseqüente ingresso e retiro na abadia de Saint-Denis foram capazes de deter a carreira magistral deste homem. "Tão grande multidão – diz-nos depois da vergonha da mutilação – que não havia lugar para albergá-los"..

A influência de Abelardo foi imensa. No final do século XII impôs uma tendência pelo rigor técnico e pela explicação exaustiva – inclusive em teologia –, que encontrará sua expressão completa nas sínteses doutrinais do século XIII. Poder-se-ia dizer que Abelardo impôs um padrão intelectual, do qual já não se pretende derivar.

Sua obra foi comentada por pensadores como Alberto Magno, Boaventura, Tomás de Aquino e Duns Escoto.

(Wikipedia, a enciclopédia livre).

Abraão – Abraão (em hebraico: מהרבא*, Avraham ou 'Abhrāhām)*

Abraão era filho de Terah, 20 gerações depois de Adão e 10 depois de Noé. E, considerando que Noé ainda teria vivido 350 anos após o dilúvio, Abraão poderia ter conhecido o seu ancestral e também a Sem. O nome original de Abraão era Abram, vem do termo judaico Ibrim, que significa "Hebreus", para soar como "Excelso Pai". Abraão era o primeiro dos patriarcas bíblicos. Mais tarde, respondeu pelo nome de Abraham (Ibrahim), (مريهاَربا) em árabe, מהרבא em hebraico), o que significa "pai de muitos" (ver Génesis 17:5). O nome Abraham era um nome comum de pessoas entre os amoritas (na forma Abamram). A história de Abraão começa quando o patriarca deixa a terra de sua família na cidade de Ur dos Caldeus e segue em direção a Canaã. A partir daí, a Bíblia relata diversas aventuras mais ou menos desconexas envolvendo Abraão, sua esposa e meia-irmã Sara, seu sobrinho Ló, sempre realçando a nobreza do personagem e a sua obediência a Deus.

(Wikipédia, a enciclopédia livre).

Aurelius Augustinus

Agostinho nasceu em 354 no município de Tagaste na província romana da Numídia. Sua mãe, Mônica, era uma cristã devota e seu pai, Patrício, um pagão convertido ao cristianismo no leito de morte. Estudiosos acreditam que entre seus ancestrais estavam berberes, latinos e fenícios, mas ele próprio considerava-se um púnico. Seu nomen, Aurélio, sugere que os ancestrais de seu pai eram libertos da gente Aurélia e que receberam a cidadania romana depois do Édito de Caracala (Marco Aurélio Antonino) em 212 e, portanto, a família já era romana do ponto de vista legal por pelo menos um século quando Agostinho nasceu. Assume-se que Mônica era berbere por causa do nome, mas, como a família era formada por honestitores, uma classe mais elevada de cidadãos chamados de "homens honrados", é muito provável que Agostinho tenha sido educado em latim. Aos onze anos, ele foi enviado para uma escola em Madauro (atual M'Daourouch), uma pequena cidade númida a apenas 30 quilômetros ao sul de Tagaste, e ali aprendeu literatura latina e as práticas e crenças pagãs. Foi ali também, por volta de 369 ou 370, que leu o diálogo perdido de Cícero, "Hortênsio", que o próprio Agostinho credita como responsável por despertar seu interesse em filosofia.

Aos dezessete, graças à generosidade de um amigo, Romaniano, Agostinho mudou-se para Cartago para estudar retórica. Embora tenha sido criado um cristão, passou a seguir ali o maniqueísmo, para desespero de sua mãe. Como todos os jovens de sua época e classe social, Agostinho adotou um estilo de vida hedonista por um tempo, associando-se a outros jovens que se vangloriavam de suas aventuras sexuais com mulheres e homens. Os mais velhos estimulavam os mais inexperientes a contar ou inventar histórias sobre aventuras para que fossem aceitos. É deste período uma famosa oração de Agostinho, *"Senhor, conceda-me castidade e continência, mas não ainda".*

Dois anos depois, Agostinho iniciou um romance com uma jovem cartaginesa, mas, provavelmente para manter-se em condições de realizar o desejo de sua mãe de casar com alguém de sua própria classe social, o casal se manteve em concubinato por mais de treze anos, período no qual tiveram um filho, Adeodato, um rapaz considerado extremamente inteligente por seus contemporâneos.

(Wikipédia, a enciclopédia livre).

El Shadday El Shaday ou El Shaddai

É um dos nomes em hebraico para Deus, que significa Deus Todo Poderoso.

A designação El Shaddai é apenas um dos nomes que menciona o poder de Deus, sendo mais abrangente que Elohim, que indica o poder de Deus enquanto Criador. El Shaddai indica um poder de forma mais geral, referindo que não há impossíveis para Deus.

A origem do termo é um tópico muito debatido e não há consenso. Alguns autores afirmam que este nome tem origem na palavra "Shadad", que significa dominar ou destruir. Assim, Shaddai classifica um Deus onipotente, capaz de dominar e destruir. Apesar disso, alguns autores também afirmam que este termo pode significar "Deus da montanha", uma referência à montanha sagrada da Mesopotâmia.

(Wikipédia, a enciclopédia livre)

Elias – o profeta

Elias foi um grande profeta, tão importante que os sábios da sua época disseram que ele não morreu, mas foi levado por Deus.

A experiência profética e espiritual de Elias foi marcada não só pelo deserto geográfico, mas também pela experiência de um deserto interior. Teve momento de *não saber,* de estar *perdido,* de ter medo, de achar que tudo estava terminado, de querer fugir e morrer, de pensar só em comer e dormir. O seu *deserto interior* manifestou-se, sobretudo, no fato de querer encontrar Deus nos sinais tradicionais: no terremoto, no vento, no fogo, e perceber que esses sinais já não revelam mais a presença do Senhor. Eram como lâmpadas que já não se acendiam mais (1Rs 19,11-12).

No deserto, Elias experimentou seus próprios limites. Não chegou a perder a fé e a esperança, mas não sabia como usar a fé antiga para enfrentar situações novas.

Enigma da esfinge

A Esfinge era um monstro fêmea que era descrito de diversas formas diferentes, mas foi popularmente conhecida com corpo de leão, peito e cabeça de mulher, asas de águia e segundo alguns, uma cauda de serpente. Havia apenas uma esfinge na mitologia grega, considerada um demônio de mau agouro, azar e destruição. Essas criaturas eram tidas como traiçoeiras e impiedosas, as pessoas que não conseguiam responder seu enigma sofriam um destino bem comum nos contos e histórias mitológicas, eram mortos e totalmente devorados por esses monstros.

Sua lenda conta que foi enviada pelos deuses Hera e Ares para punir um crime antigo na cidade de Tebas. Lá, ela caçava os jovens da terra, devorando todos aqueles que não conseguiram responder o seu enigma, conhecido como O Enigma da Esfinge.

O Enigma da Esfinge é um dos mais famosos quebra-cabeças de todos os tempos: Ela dizia "Decifra-me, ou devoro-te". – Qual o ser que pela manhã tem quatro pés, ao meio dia tem dois, e a noite tem três?

A esfinge ficava na porta da cidade de Tebas, perguntando seu enigma para todos os viajantes que ali passavam que não conseguia responder, ou errava a resposta, ela espremia-o, estrangulava-o e o devorava. Até que um dia, o rei de Tebas ofereceu a realeza para quem conseguisse destruir o monstro, e um jovem chamado Édipo respondeu o enigma. A resposta era o 'Homem' que quando novo, engatinhava, quando cresce anda com dois pés, e por fim, se apóia a uma bengala na velhice que seria representado pela noite. A Esfinge ficou furiosa, e se matou, dizem que ela se jogou de um precipício, e outra lenda diz que ela devorou a si própria.

Esfinges eram populares na arte antiga, especialmente para estrelar jarros e tumbas esculturais sobre os túmulos de homens que morreram na juventude. Esfinges decorativas também aparecem nas procissões de animais em vasos gregos arcaicos, muitas vezes ao lado de leões, aves e de Sirens.

(Wikipedia, a enciclopédia livre).

Enredo

No início do século XIX, na França, Jean Valjean rouba um pedaço de pão para os sobrinhos famintos e é injustamente condenado a prisão e a marginalidade. Após cumprir 19 anos de prisão com trabalhos forçados, Jean Valjean é acolhido por um gentil bispo, que lhe dá comida e abrigo. Mas havia tanto rancor na sua alma que no meio da noite ele rouba a prataria e agride seu benfeitor, mas quando Valjean é preso pela polícia com toda aquela prata ele é levado até o bispo, que confirma a história de lhe ter dado a prataria e ainda pergunta por qual motivo ele esqueceu os castiçais, que devem valer pelo menos dois mil francos.

Este gesto extremamente nobre do religioso devolve a fé que aquele homem amargurado tinha perdido.

Após nove anos, com o nome de senhor Madeleine, ele se torna prefeito e principal empresário em uma pequena cidade, mas sua paz acaba quando Javert, um guarda da prisão que segue a lei inflexivelmente, tem praticamente certeza de que o prefeito é o ex-prisioneiro que nunca se apresentou para cumprir as exigências do livramento condicional. A penalidade para esta falta é prisão perpétua, mas ele não consegue provar que o prefeito e Jean Valjean são a mesma pessoa. Neste meio tempo uma das empregadas de Valjean (que tem uma filha que é cuidada por terceiros) é despedida, se vê obrigada a se prostituir e é presa. Seu ex-patrão descobre o que acontecera, usa sua autoridade para libertá-la e a acolhe em sua casa, pois ela está muito doente. Sentindo que ela pode morrer ele promete cuidar da filha, Cosette, mas antes de pegar a criança sente-se obrigado a revelar sua identidade para evitar que um prisioneiro, que acreditavam ser ele, não fosse preso no seu lugar. Deste momento em diante Javert volta a persegui-lo, a mãe da menina morre mas sua filha é resgatada por Valjean, que foge com a menina enquanto é perseguido através dos anos pelo implacável Javert.

O tempo passa e a menina Cosette se apaixona profundamente por Marius, um jovem e carismático revolucionário.

Em plena revolução de 1832, a busca incansável de Jean Valjean pela redenção alcança seu clímax quando ele escolhe sacrificar sua liberdade para salvar o grande amor de Cosette, até que um dia o confronto dos dois inimigos é inevitável, e só então, através da grandeza de seu ato, Jean Valjean se sente verdadeiramente livre da perseguição impiedosa do policial Javert. Valjean teve de lutar muito para mostrar que era um homem de bem e conseguir viver em paz.

Helohins ou Deus

Usado na língua hebraica moderna e antiga. Termo comum usado nas escrituras hebraicas, Elohim pronunciando Elo(rr)hím(i) (em hebraico: אלהים) é o plural adjetivo de dois gêneros da palavra *Eloah* (אלוה), considerado pelos estudiosos judeus como plural majestático (*pluralis majestatis*) ou de excelência (*pluralis excellentiæ*), expressando grande dignidade, traduzindo-se por "Elevadíssimo" ou "Altíssimo".

(Wikipedia, a enciclopédia livre).

Isaías

Já na época dos pais da Igreja o profeta Isaías era conhecido como o "evangelista do Antigo Testamento". Tal designação se dá pelo modo detalhado e completo com que ele descreveu a pessoa e obra do Messias.

Muitos julgamentos profetizados por Isaías foram cumpridos no ministério de Jesus (*cf.* Isaías 53:4-6; 2 Coríntios 1:15; Hebreus 9:26). Além disso, o profeta Isaías apresentou Jesus como "o Servo" que traria justiça as nações; que restabeleceria a aliança; que iluminaria os gentios (no sentido de prover salvação a eles); que expiaria o pecado de seu povo e, finalmente, ressuscitaria dos mortos (Isaías 42:1-7; 49:1-7; 52:13-53:12).

É por isso que as profecias de Isaías, registradas em seu livro, são as mais referenciadas no *Novo Testamento* quando o objetivo é apontar sobre como a pessoa de Jesus cumpre com perfeição todas as promessas do *Antigo Testamento* em relação ao Messias prometido.

A profecia de Isaías também alcança um cumprimento ainda futuro. Ele profetizou acerca da restauração após o exílio falando sobre as maravilhas que aconteceriam, e chamou esse nova realidade de vida de *"os novos céus e a nova terra"* (Isaías 66: 22; 65: 17). Essa promessa que foi inaugurada no ministério terreno de Cristo, e que atravessa a História da Igreja, encontrará seu cumprimento pleno no maravilho retorno de nosso Senhor Jesus (2 Coríntios 4:6; 5: 17; Gálatas 6:15; Tiago 1:18; Apocalipse 21:1-3).

(Wikipedia, a enciclopédia livre).

Jean Valjean/ Javert

Os Miseráveis, do escritor francês Victor Hugo, foi escrito em 1862 e é uma narração de caráter social em que o misticismo, a fantasia e a denúncia das injustiças formam uma trama complexa, onde descreve vividamente, ao tempo de condenação, a injustiça social da França do século XIX.

Jean Valjean – é um homem que vive uma situação de miserabilidade no mesmo período em que Napoleão III (Imperador da França, de 1852 a 1871) aumentara seus gastos com a política externa francesa em busca de glória política. A vida miserável leva-o ao crime, mas se reabilita socialmente quando consegue uma ajuda caridosa. Em certo sentido, Jean é a própria mancha social que os projetos urbanos de Haussmann (Prefeito em Sena, de 1853 a 1870) pretendiam jogar para a periferia, mas que insistia em invadir o centro em horários inoportunos, emergindo literalmente de dentro de si (metáfora dos esgotos de Paris).

Na descrição que Victor Hugo faz da vida do personagem Jean Valjean, podemos observar que há o cuidado de evidenciar as circunstâncias que o levaram ao crime e, portanto, mais do que uma questão de gosto ou preferência pessoal por uma vida irregular, tratava-se de uma situação social que deveria ser encarada francamente pela sociedade em geral e pelas autoridades políticas em particular:

Jean Valjean, de humilde origem camponesa, ficara órfão de pai e mãe ainda pequeno e foi recolhido por uma irmã mais velha, casada e com sete filhos. Enviuvando a irmã, passou a arrimo da família, e assim consumiu a mocidade em trabalhos rudes e mal remunerados [...]. Num inverno especialmente rigoroso, perdeu o emprego, e a fome bateu à porta da miserável família. Desesperado, recorreu ao crime: quebrou a vitrina de uma padaria para roubar um pão. [...] Levado aos tribunais por crime de roubo e arrombamento, foi condenado a cinco anos de galés. [...] Mesmo na sua ignorância, tinha consciência de que o castigo que lhe fora imposto era duro demais para a natureza de sua falta e que o pão que roubara para matar a fome de uma família inteira não podia justificar os longos anos de prisão a que tinha sido condenado.

(Wikipedia, a enciclopédia livre).

Leon Bloy

Escritor e pintor francês, Léon Bloy nasceu a 11 de julho de 1846, em Périgueux. Filho de um engenheiro francês e de uma dama espanhola, era o segundo dos sete filhos varões do casal. Enquanto que o pai era austero, a mãe, profundamente religiosa, não pôde atender aos cuidados de todos os seus filhos.

León Bloy foi enviado para um colégio interno, mas logo se revelou um aluno medíocre e insubmisso, revoltando-se contra as doutrinas religiosas que faziam a essência da instituição. Procedeu a estudos por contra própria, dedicando também parte do seu tempo à pintura. Em 1862 terminou o seu famoso autorretrato pintado a óleo.

Abandonando o colégio, chegou a Paris em 1863, alimentando o sonho de se vir a tornar pintor. Não obstante, em 1869 e numa livraria, encontrou Barbey d'Aurevilly, cuja obra já conhecia. Desse encontro nasceu não só a firme decisão de querer ser antes escritor, como a sua reconversão ao cristianismo.

Em 1871 alistou-se como franco-atirador na Guerra Franco-Prussiana, finda a qual tomou um emprego na sua terra natal. Regressando a Paris ao fim de três anos, trabalhou como guarda-livros nos caminhos de ferro, empregado numa livraria e ilustrador de manuscritos.

Em 1876 deu início a uma carreira jornalística, publicando crónicas que causaram mal-estar tanto nos meios católicos, como nos protestantes e ateus e, no ano seguinte, conheceu Anne-Marie Roulé, uma prostituta por quem se apaixonou e que decidiu converter ao cristianismo. Seria internada num manicómio em 1882, não sem ter prenunciado o Dia do Juízo Final.

Em 1884 publicou o seu primeiro livro, um estudo sobre a vida de Cristóvão Colombo intitulado Le Révélateur Du Globe. Dois anos depois surgiu Le Désespéré (1886), romance de carácter autobiográfico em que descrevia a sua ligação amorosa com Anne-Marie Roulé.

Casou em 1890 com Jeanne Molbeck, uma dinamarquesa e, vivendo em grande miséria, publicou Christophe Colomb Devant Les Taureaux (1890), que retomava a temática da sua primeira obra.

Seguiram-se, entre outros volumes, Salut Pour Les Juifs (1892), Histoires Désobligeantes (1894, Histórias Desagradáveis), La Femme Pauvre (1897) e Le Fils De Louis XVI (1899), tida como a sua melhor criação.

Nesse ano de 1899 decidiu mudar-se para a Dinamarca na companhia da família, mas acabou por regressar a Paris em 1900, onde os seus amigos o acudiram face à sua situação desfavorecida.

Com a deflagração da Primeira Grande Guerra em 1914, Léon Bloy recordou os horrores passados na Guerra Franco Prussiana de 1870-71, e o seu imaginário foi invadido por imagens pavorosas do Apocalipse, delirando num fervor religioso exagerado.

Léon Bloy faleceu a 3 de novembro de 1917.

(Wikipedia, a enciclopédia livre).

Midraxe/Midraxe

O AT contém muitos exemplos de *midraxe*, que é meditação edificante sobre um antigo discurso bíblico, reconstrução imaginosa de um episódio ou construção de um episódio fictício, com base nos princípios deduzidos do material bíblico. São exemplos de *"midraschim"* (assim é o plural hebraico): os relatos da criação (*Gn* 1), do dilúvio (*Gn* 6,9-22), do episódio dos patriarcas (*Gn* 12ss), do Êxodo (*Ex* 14ss) e da Aliança (*Gn* 19ss), etc. *Esses relatos não têm a intenção de registrar a história do passado, mas sim de extrair ensinamentos da tradição bíblica.*

O NT também contém certa quantidade de *"midraschim"*. Nos evangelhos, Mateus é particularmente apaixonado pelo *midraxe*. *Mt* 2,1-12 é escrito com base na reutilização de *Nm* 24,17; *Mt* 2,13-15 está construído com base em *Os* 11,1, e *Mt* 2,16-18 com base em *Jr* 31,15. *Mt* 2,23 liga Nazaré com *Jz* 13,5, com base na assonância com *nazir* (nazireu) e com *Is* 11,1 pela assonância com *neçer*, "rebento". *Mt* 27,3 reúne *Zc* 11,12ss e *Jr* 32,6-15 e os aplica ao episódio registrado.

A narrativa da infância de *Lc* 1-2 é um esplêndido exemplo de *midraxe*. Com base em uma breve memória autêntica dos fatos, o relato é completado com uma antologia de citações extraídas do AT e apropriadas ao nascimento do Messias. Paulo, muitas vezes, recorre ao *midraxe* para aplicar o AT a um fato cristão (*Gl* 3-4). "O *midraxe* era algo sério e foi extremamente importante no desenvolvimento do pensamento judaico e da Igreja primitiva. Mas não podemos pensar que o *midraxe* seja uma explicação definitiva da Bíblia. Ele nasceu em uma situação histórica particular que era o seu contexto natural: *enquanto tal não pode ser transferido para outra cultura, como também não podem ser transferidos outros modelos conceituais*" (J. L. Mckenzie – padre Lucas).

(Wikipedia, a enciclopédia livre).

Mito da caverna de Platão

O mito da caverna é uma alegoria muito famosa, feita pelo filósofo Platão (através da voz de Sócrates). Ela fala muito sobre nossa capacidade de nos livrarmos dos grilhões da ignorância e conseguirmos alcançar a luz da Verdade.

Existem diversas perspectivas que podem ser retiradas da metáfora criada por essa parábola, muito exploradas por pensadores ao longo da história da cultura ocidental, influenciando livros, filmes e outras obras de arte.

O mito da caverna : Imaginemos que alguns homens vivam numa caverna, cuja entrada se abre para toda a sua largura, com um amplo saguão de acesso.

Eles são prisioneiros na caverna, com as pernas e o pescoço amarrados de tal modo que eles não conseguem mudar de posição. Lá, eles podem apenas enxergar a parede do fundo da caverna.

Agora, bem em frente da entrada da caverna, existe um pequeno muro, da altura de um homem. Atrás dele, outras pessoas vêm e vão, carregando estátuas que representam formas variadas, em madeira e pedra.

Finalmente, percebe-se que o sol do lado de fora ilumina as paredes do salão, passando pro cima do muro da entrada. Além disso, a caverna é tão profunda que produz ecos, que reverberam as vozes dos homens que passam pela entrada da caverna.

(Wikipedia, a enciclopédia livre).

Odisseia

Odisseia (em grego clássico: Οδύσσεια; transl.: Odýsseia) é um dos dois principais poemas épicos da Grécia Antiga, atribuídos a Homero. É uma sequência da Ilíada, outra obra creditada ao autor, e é um poema fundamental no cânone ocidental. Historicamente, é a segunda - a primeira sendo a própria Ilíada - obra da literatura ocidental.

A Odisseia, assim como a Ilíada, é um poema elaborado ao longo de séculos de tradição oral, tendo tido sua forma fixada por escrito, provavelmente no fim do século VIII a.C. A linguagem homérica combina dialetos diferentes, inclusive com reminiscências antigas do idioma grego, resultando, por isso, numa língua artificial, porém compreendida. Composto em hexâmetro dactílico era cantado pelo aedo (cantor), que também tocava, acompanhando, a cítara ou fórminx, como consta na própria Odisseia (canto VIII, versos 43-92) e também na Ilíada (canto IX, versos 187-190).

O poema relata o regresso de Odisseu, (ou Ulisses, como era chamado no mito romano), herói da Guerra de Troia e protagonista que dá nome à obra. Como se diz na proposição, é a história do "herói de mil estratagemas que tanto vagueou, depois de ter destruído a cidadela sagrada de Troia, que viu cidades e conheceu costumes de muitos homens e que no mar padeceu mil tormentos, quanto lutava pela vida e pelo regresso dos seus companheiros". Odisseu leva dez anos para chegar à sua terra natal, Ítaca, depois da Guerra de Troia, que também havia durado dez anos.

A trama da narrativa, surpreendentemente moderna na sua não-linearidade, apresenta a originalidade de só conservar elementos concretos, diretos, que se encadeiam no poema sem análises nem comentários. A análise psicológica, a análise do mundo interior, não era ainda praticada. As personagens agem ou falam; ou então, falam e agem. E falam no discurso direto, diante de nós, para nós – preparando, de alguma forma, o teatro. Os eventos narrados dependem tanto das escolhas feitas por mulheres, criados e escravos quanto dos guerreiros.

A influência homérica é clara em obras como a Eneida, de Virgílio, Os Lusíadas, de Camões, ou Ulysses, de James Joyce, mas não se limita aos clássicos. As aventuras de Ulisses, a superação desesperada dos perigos, nas ameaças que lhe surgem na luta pela sobrevivência, são a matriz de grande parte das narrativas modernas, desde a literatura ao cinema.

Em português, bem como em diversos outros idiomas, a palavra odisseia passou a referir qualquer viagem longa, especialmente se apresentar características épicas.

O sujeito, protagonista do texto, é esse ser humano, portador da divindade como nos adverte o próprio Jesus de Nazaré, narrado no capítulo 10 do evangelho de João: "Replicou-lhes Jesus: Não está escrito na vossa Lei: Eu disse que vós sois deuses?".

Desde o início o autor procura demonstrar essa condição de sermos dotados, por natureza, desse potencial divino que carregamos.

O homófono do termo, Teodiceia é uma disciplina da Teologia que trata de reunir argumentos e razões comprovantes da existência de Deus. Tais como os cinco argumentos racionais, da existência de Deus, apontados por São Tomás de Aquino.

(Wikipedia, a enciclopédia livre).

Ordos

Cidade chinesa onde o jesuíta Teilhard de Chardin escreveu o célebre texto: eucaristia do mundo.

A cidade de Ordos é um centro populacional fortemente estilizado, localizado próximo ao Deserto de Ordos, é uma das maiores cidades da Mongólia Interior. Essa área é famosa por sua população rapidamente crescente e áreas urbanas em desenvolvimento: a região da Mongólia Interior ostenta um PIB maior do que a própria Pequim.

A Mongólia Interior é um lugar interessante. Local de nascimento de Gengis Khan, apenas 79% da população pertence à etnia Han, predominante na China, enquanto 17% são de origem mongol. Antes parte da Grande Mongólia, até consecutivos impérios chineses e, mais recentemente, a chegada ao poder do Partido Comunista, a Mongólia Interior foi sendo moldada e fundida, de novo e de novo, como uma província subordinada à China.

Platão (em grego antigo: Πλάτων, transl. Plátōn, "amplo")

Platão (Atenas, 428/427 – Atenas, 348/347 a.C.), foi um filósofo e matemático do período clássico da Grécia Antiga, autor de diversos diálogos filosóficos e fundador da Academia em Atenas, a primeira instituição de educação superior do mundo ocidental.

Teoodisseia, Teodisseia

Neologismo assumido pelo autor para indicar e qualificar o eixo temático do livro.

Referências

A BÍBLIA de Jerusalém. São Paulo: Paulinas, 1991.

A BÍBLIA anotada. The Ryrie Study, versão Salmeida. rev. e atual. São Plaulo: Editora Mundo Cristão, 1994.

A BÍBLIA Sagrada. ed. rev. e atual. Brasília: Sociedade Bíblica do Brasil, 1969.

ANÉAS, André. Análise do Livro de Ester: a ação política do cristão brasileiro e a experiência de deus. **Revista Eletrônica Espaço Teológico**, v.11, n. 20, jul/dez, 2017, p. 67-7.

ÁVILA, Fernando Bastos de. **Pequena Enciclopédia de Moral e Civismo**. Brasília: MEC; FENAME — Fundação Nacional de Material Escolar, 1972, 699p.

BÍBLIA de Estudo Almeida. Barueri: Sociedade Bíblica do Brasil, 1999.

BÍBLIA. Tradução Ecumênica. São Paulo: Edições Loyola, 1994.

BÍBLIA de estudo de Genebra. São Paulo: Editora Cultura Cristã: Sociedade Bíblica do Brasil, 2000.

BRIGHT, John. **História de Israel**. Tradução de Euclides Carneiro. São Paulo: Paulus, 1978.

CHOURAQUI, André. **A Biblia**. Tradução de Carlito Azevedo. Rio de Janeiro: Imago, 1995.

Comentário ao Antigo e ao Novo testamento, Santiago Guijarro, Oprto e Miguel Salvador Garcia, Editora Ave Maria, 2006;

Novo Comentário Biblico, São Jerônimo, Antigo e Novo Testamento, Raymond E. Brown, Joseph A. Fitzmayer, Rolland E. Murphy (editores), Academia cristã, Paulus, 2007.

Confissões, Santo Agostinho, Editora das Américas, São Pau, SP. 1961;

HARRINGTON, Wilfrid John. **Chave para a Bíblia**. Tradução de Josué Xavier e Alexandre Mcinryre. São Paulo: Paulinas, 1985.

JUSTINO DE ROMA, I e II apologias: diálogo com Trifão/ [introdução e notas Roque Frangiotti; tradução Ivo Storniolo, Euclides M. Balancin]. – São Paulo: Paulus, 1995. – (Patrística) p. 98. 100-101.)

LACOSTE, Jean-Yves (dir.). **Dicionário Crítico de Teologia**. Tradução de Paulo Meneses. São Paulo: Paulinas e Loyola, 2004, 1967p.

LACERDA, Nair; SILVA, Fernando Correia da (org.). **Maravilhas do conto mitológico**. São Pauço: Cultrix, 1960, 280p.

MCKENZIE, John I. **Dicionário bíblico**. São Paulo: Paulinas, 1983.

NOVA Bíblia dos Capuchinhos. Lisboa: Difusora Bíblica, 1998.

OLIVEIRA, Lucas H. **São Justino e a semente do Verbo**. Firmat Fides, 26 ago. 2014 Disponível em: https://firmatfides.wordpress.com/2014/08/26/sao-justino-e-a-semente-do-verbo/ &gt. Acesso em: 6 abr. 2020.

PEARLMAN, Meyr. **Através da Bíblia**. Tradução de Lawrence Olson. Flórida: Editora Vida, 1991.

RICHARD, Pablo. **O movimento de Jesus depois da ressurreição**: uma interpretação lbertadora dos Atos dos Apóstolos. São Paulo: Paulinas, 1999.

ROSA, João Guimarães Rosa. **Grande sertão: veredas**. Rio de Janeiro: Editora José Olympio, 1956, 602p.

SAUT, Yves. **Atos dos Apóstolos**. São Paulo: Paulinas, 1991.

SCMIDT, Werner. **Introcdução ao Antigo Testamento**. Tradução de Annemarie Höhn. São Leoponldo: Sinodal, 1994.

Sites

http://www.padrescasados.org/archives/25549/crime-de-lesa-majestade/

https://blog.cancaonova.com/vocacional/no-coracao-da-igreja-serei-o-amor/

http://www.teologiadocorpo.com.br/112a-o-livro-de-tobias-27061984/

https://www.abiblia.org/ver.php?id=1230

DADOS BIOGRÁFICOS

JOAREZ VIRGOLINO AIRES

Quem sou?

Eu sou é eu mesmo. Diverjo de todo mundo. Eu quase que nada não sei. Mas desconfio de muita coisa. [...] para pensar longe, sou cão mestre – o senhor solte em minha frente uma ideia ligeira e eu rastreio essa por fundos de todos os matos amém! [...] Vivendo se aprende; mas o que se aprende, mais, é só a fazer outras maiores perguntas. (Guimarães Rosa, Grande Sertão: Veredas, 1986).

1. Ensino fundamental pelo Colégio Sagrado Coração de Jesus, Porto Nacional, Tocantins, de 1947 a 1951;

2. Bacharelado em Filosofia e Teologia pelo Seminário Arquidiocesano, São José, Rio de Janeiro, de 1957 a 1963;

3. Licenciatura em Filosofia e Letras, pela Faculdade Dom Bosco de Filosofia Ciências e letras, São João del Rei, MG.,1972;

4. Mestrado em Antropologia Filosófica, de 1972 a 1973, pela Pontifícia Universidade Gregoriana, Roma, Itália;

5. Exerceu o magistério no ensino público e particular, por quase quatro décadas;

6. Tem por inspiradores na estética literária: Machado de Assis; Graciliano Ramos; Castro Alves, Fagundes Varela e Cecília Meireles

7. Obras publicadas:

- *O Viandante: Saberes e Sabores do Tocantins – memórias, cores e odores*
- *Retalhos da Caminhada*
- *Epistemologia Pedagógica*
- *Nos cafundós do jalapão: Crônicas.*
- *Descobre teu próprio Mestre ! – Teoodisseia*

Contato

- virgolino.virgolino@yahoo.com.br
- (41) 3233-7714; (41) 99996-1804